Gut und Böse

Bruno-Paul de Roeck

Gut und Böse

Die Ethik in der Gestalttherapie

Aus dem Holländischen übersetzt
von Helmi Raatschen

Burckhardthaus-Laetare Verlag,
Offenbach

Lizenzausgabe der 1979 im Verlag De Toorts, Haarlem, erschienenen niederländischen Originalausgabe „Wat is goed, wat is kwaad".

Umschlagentwurf: Markus Eidt, Darmstadt
Umschlagzeichnung und Zeichnungen im Text: Bruno-Paul de Roeck
Herstellung und Typographie: Joachim Emrich, Offenbach
Satz: Fotosetzerei Ernst Meinecke, Groß Denkte
Druck und Verarbeitung: RGG-Druck, Braunschweig

CIP-Kurztitelaufnahme der Deutschen Bibliothek

Roeck, Bruno-Paul de: Gut und Böse: d. Ethik in d. Gestalttherapie / Bruno-Paul de Roeck. Aus d. Holländ. übers. von Helmi Raatschen. – Offenbach: Burckhardthaus-Laetare Verlag, 1985.

Einheitssacht.: Wat is goed, wat is kwaad dt.

ISBN 3-7664-9205-5

Inhaltsverzeichnis

Vorwort

Dieses Buch ist zu einem großen Teil kursiv gedruckt; der übrige ist normal geschrieben. Während die Kursiv-Texte hauptsächlich Erfahrungen wiedergeben, also meistens von Erlebnissen berichten, enthalten die Normal-Texte mehr Reflexionen über die Erfahrungen und ein gewisses Einordnen von Fakten und Gegebenheiten. Ebenso geht es im Leben zu, wo sich erfahren, denken und ordnen abwechseln.
Du kannst entweder nur den Kursiv-Text oder nur den Normal-Text lesen, oder du kannst die Texte so lesen, wie ich sie erlebt und geschrieben habe.

Alle Personen, Ereignisse und Fakten in diesem Buch sind echt. An einigen Stellen sind Namen geändert worden. Wenn Leser sich darin also nicht wiedererkennen, ist das ihre eigene Sache.

Dieses Büchlein ist der dritte Teil einer Fortsetzungsgeschichte über GESTALT ALS SICHT DER DINGE UND ALS LEBENSKUNST.
Das erste Buch „Gras unter meinen Füßen", Gestalttherapie für jedermann.
Das zweite „Dein eigener Freund werden" (Wege aus der Lauernuß), Therapie und Gesellschaft.
Der dritte Teil „Gut und Böse", die Ethik in der Gestalttherapie, untersucht, woher wir unsere Normen nehmen, wenn wir manche Dinge loben und auswählen und andere Dinge mißbilligen und ablehnen.

Meiner Ansicht nach sind die Werturteile, die der Gestalttherapie zugrunde liegen, den normierenden Formen von Therapie, Unterrichtswesen und Erziehung genau entgegengesetzt. Der Mensch braucht Leitbilder. Gib ihnen Gestalt, und sie werden selbst versuchen, daraus sogenannte Gestalt-Normen zu entwickeln und sie anderen aufzuzwingen. Auch die liberalsten philosophischen und pädagogischen Richtungen haben immer unter dem Druck von Gesetz und Normen gestanden. Dieses

Buch handelt von dem Spannungsfeld zwischen Freiheit und Normen. Es soll dabei sofort deutlich werden, daß ich den kreativen, selbstnormierenden Pol hervorheben will. Nicht nur, weil ich selbst diesem meine geistigen Überlebenschancen zu danken habe, sondern auch, weil viele Menschen dadurch krank werden, daß sie nicht wagen selbst auszuprobieren, was „für sie" gut ist und was nicht; stattdessen lassen sie sich von den verschiedensten Lehrmeistern, Heilpraktikern, Therapeuten und anderen aggressiven Werbern mit allen möglichen Dingen überfüttern, die sie doch nicht glücklicher machen.

Den Wert dieser selbstregulierenden Möglichkeiten in mir (der anarchistische Pol), von dem aus ich bestimmen kann, was gut für mich ist, habe ich erst von der Gestalttherapie her wirklich ganz zu akzeptieren gewagt. Daher der Untertitel dieses Buches: Die Ethik in der Gestalttherapie.

Nun hätte ich dieses Buch genau so gut von Zen her schreiben können (von wo die Gestalttherapie übrigens sehr viel ihrer Weisheit entlehnt hat). Oder aus dem jüdisch-christlichen Denken, in dem auch meine eigenen Wurzeln liegen. Leider ist das jedoch für viele Menschen äußerst verwirrend, weil sie nur deren Karikaturen, deren Zerrbilder kennen.

An erster Stelle ist dieses Buch jedenfalls mein eigenes Forschen nach Gut und Böse. Es ist der Reisebericht meines Weges. Nicht der Weg von Zen, Gestalt oder Christentum. (Obwohl es wiederum auch stimmt, daß sowohl in Gestalt, in Zen sowie im christlichen Denken das Befolgen des eigenen Weges von Innen her als der eigentliche Weg bezeichnet wird und nicht das Befolgen des Weges von Gestalt, Zen oder vom christlichen Denken.)

Ethik: ein gewichtiges Wort für den, der dabei an die verschiedenen ethischen Systeme und an die Diskussionen über Sitten und Moral denkt. Ethik bedeutet für mich die Gesamtheit mehrerer Ausgangspunkte (etwa: „Du darfst deine eigene Norm sein") und Basiserfahrungen (wie: Ich weiß aus Erfahrung, daß mein Körper sich wehrt, wenn ich mir Arbeit auflade, bei der ich letztlich nicht glücklich bin), die es möglich machen:

1. kritisch zu betrachten, was man mir als „gut" andrehen will; so daß ich oft der Dumme bin,

2. es zu wagen, den ungeschriebenen Regeln und Normen, die in mir selbst liegen (dem Gewissen) zu vertrauen,
3. kritisch zu bleiben im Blick auf das, was sich mir als mein Gewissen vortut, aber oft die Normen anderer sind, die sich gegen mich in mir festgesetzt haben,
4. voller Selbstvertrauen die Dinge, die ich tue oder die ich unterlasse, vergleichen zu können mit der „Lebenslinie", die ich gerade entwickle.

Verantwortung

Auf meiner Pilgerfahrt zu „Was ist gut, was ist böse" habe ich mich kurz oder lange bei Menschen aufgehalten, die sich mit den gleichen Fragen beschäftigen: meinen Eltern, meinen Freunden, aber auch bei Schriftstellern, Dichtern und Denkern. Gedankensplitter und Gesprächsfetzen sind hängen geblieben. Besonders aus dem Christentum, bei dem ich siebenunddreißig Jahre lang (schwieriges) Kind im Hause sein durfte; und aus dem Gestalt-Hotel, in dem ich viele Jahre Unterkunft mit voller Verpflegung genossen habe.
Die Ethik der Gestalt gründet vor allen Dingen auf der Selbstregulierung und der daraus entspringenden Verantwortlichkeit für das eigene Dasein und für das Leben der größeren Einheit (Gestalt), von der du ein Teil bist.
Diese Ethik ist zum Teil identisch mit anderen Denksystemen, denen sie zugleich tributpflichtig ist; vor allem anderen dem jüdisch-christlichen Denken. Die Bezugspunkte zur jüdisch-christlichen Ethik werden in diesem Buch noch aufgezeichnet. Hier will ich jedoch bereits einige Gedanken aufschreiben, die mir von anderen Schriftstellern in Erinnerung geblieben sind. Dies sind keine Autoritäten, keine Quellen im wissenschaftlichen Sinn. Sie sagten laut einige Dinge, in denen ich mich selbst oder ein Stückchen meines Weges erkannte.

„Der Mensch ist das Maß aller Dinge." (Protagoras)
„Die Beobachtung ist maßgebender als Denkprozesse, wenn es darum geht, Kenntnis der Dinge zu erwerben." (Aristippos)
„Es kommt nicht darauf an, daß du nach dem Glück strebst, sondern daß du glücklich bist. Glücklich bist du, wenn dein Leben

mit deinem Inneren übereinstimmt und ebenso mit dem großen Ganzen, zu dem du gehörst.“ (Eudämonismus)
„Wir können Werte innerlich *schauen*. Werte, die nicht rational abgeleitet werden können: Le coeur a ses raisons que la raison ne connaît pas.“ (Pascal)
„Das Wagnis, aus dem tiefsten Inneren heraus zu handeln. Selbst Verantwortung zu tragen.“ (Jaspers)
„Du *bist* auch dein Körper. In der leiblichen Sphäre begegnen sich Haben und Sein.“ (Gabriel Marcel)
„Authentizität ist die Annahme deiner eigenen Freiheit und Verantwortlichkeit.
Du bist auf dich selbst zurückgeworfen und verantwortlich für dein eigenes Leben und für diese Gesellschaft.
Du kannst deine Verantwortung für das, was geschieht, nicht auf eine festgefügte Ordnung abschieben. Das tun nur die „salauds“ (die Schmutzfinken). (Sartre, Simone de Beauvoir)
„Die einzige, objektive, ethische Norm ist: Die Freiheit zu wählen. Daraus leitet sich unsere Verantwortlichkeit ab.
Nicht dein Milieu, dein Charakter oder die herrschenden Rechts-oder Denkordnungen sind letztlich bestimmend.
Der Mensch kann selbst und aus sich selbst heraus in seiner einzigartigen Situation wählen: Im Hier und Jetzt, das mehr ist als die Verhältnisse, weil es ihn auch innerlich angeht.“ (Marcel, Sartre, Ricoeur, Merleau-Ponty)
„Freiheit und Handeln sind das Wesentlichste. Wir leben in der Dialektik (Polarität) zwischen der inneren Gesetzmäßigkeit von Strukturen (Ökonomie – Produktionsformen – Kultur – Ideologie – Moral) und der Freiheit, die der Mensch hat, um die gegebenen Umstände zu verändern, so daß er aus der Selbsterniedrigung (Verfremdung – Fetischismus – Entmenschlichung) aussteigen und das eigene Los in die Hand nehmen kann.“ (Marx)
„Es ist wichtig, daß der Mensch sich seine Moral selber macht (‚La morale à constituer‘ – Die zu bildende Moral – gegen ‚La morale constituée‘ – Die bestehende Moral). Sowohl in kapitalistischen Ländern wie auch in den nicht-kapitalistischen Ländern müssen wir den autoritären Charakter der festgefügten Ordnung bekämpfen, die die herrschende Klasse schützt und das Ethik nennt.“ (Garaudy)

Bea

Bea ist seit etwa fünfzehn Jahren mit einem namhaften Chirurgen verheiratet. Sie hat vier Kinder, ein wunderbares Haus, ein eigenes Bankkonto, das automatisch aufgefüllt wird und ein eigenes Auto. Die Kinder fangen an, ihre eigenen Wege zu gehen. Was soll sie nun tun? Zu interessanten Vorträgen gehen? Sich einen Liebhaber nehmen? Einen Beruf ergreifen, um Menschen zu begegnen? Sie empfindet sich nicht ganz als Frau; nicht ganz als Mutter; nicht ganz als Ehefrau; nicht ganz als Liebende. Sie rackert sich ab, um anderen Schutz und Sicherheit zu geben, aber sie selbst braucht eigentlich rundherum Schutz und Sicherheit und Fürsorge...
Und so begann sie an Übungen teilzunehmen: Bio-Energetik, Encounter, Psychomotorik, Gestalt, u.s.w. Denn vieles an ihr stimmte nicht: Ihre Art zu leben, ihre Beziehungen, ihre Vergangenheit, Gegenwart und Zukunft. Das war ihr klar geworden und andere hatten sie darin bestärkt: „Ich seh, ich seh, was du nicht siehst, und was ich sehe, taugt überhaupt nichts!" Durch diese Übungsprogramme ist sie endlich sehend geworden. Sehend für all die Dinge, die ihr fehlen und die sie entbehrt. Und blind für die Dinge, die ihr nicht fehlen. Sie wurde dort befreit von der Ethik des: Du sollst deinem Manne gehorchen und untertan sein. Du sollst eine gute Mutter sein. Du sollst nicht ehebrechen. Du sollst keine unerlaubten Gefühle haben. Du sollst deiner Familie ein Vorbild an Tugend und Hingabe sein..." Sie wurde dort gefesselt von der Ethik des: „Erkenne dich selbst, sei du selbst, juchhu! – Aber nicht so, wie du jetzt bist: Weg damit! – Komm an deine Gefühle heran, aber husch, husch – schnell genug, damit ich's sehe! Du sollst Reichtum, Sicherheit und Geborgenheit nicht über Echtheit, Authentizität und Direktheit stellen. Du sollst den Mann verlassen, bei dem du dein höheres Ich nicht entfalten kannst, und stattdessen dich selbst in ein Dasein voller Unsicherheit und heldenmütigen Herausforderungen stürzen. Gehorche deinem höheren Ich. Dem Ich, das du noch nicht bist, das du aber werden mußt. Höre auf damit, das graue Mäuschen zu sein, das sich in die hinterste Ecke verkriechen möchte. Kurz, hasse diejenige, die du bist und liebe diejenige, die du nicht bist."

Liebe Bea,

manche Menschen haben in ihrem Leben heldenhafte Taten vollbracht. Tapfere Löwen haben sich in der Geschichte hervorgetan, wie zum Beispiel Heinrich der Löwe; und starke Arme, wie Graf Balduin mit dem Starken Arm; und Helden und Heilige, wie der Heilige Ludwig und „Wilhelm, der ausz dem Closter kam"; und Märtyrer, wie Jeanne d'Arc und Lumumba. Ich zweifle nicht daran, daß ihnen auch dieses vergeben wird...
Die Menschen, die im Laufe der Zeiten schlichtweg gelebt haben, haben jedoch keine Heldentaten vollbracht. Sie waren weder heilig, noch außergewöhnlich, noch starben sie auf dem Scheiterhaufen. Aber sie waren prima. Ihre kleinen Krämerseelen waren prima kleine Krämerseelen. Ihre ängstlichen Furze und Häufchen waren klasse. In der Ordnung der Kanarienvögel galten die Kanarienvögel an erster Stelle und konnten Adler keinen Blumentopf gewinnen. Aber es gibt Leute, die wollen Theorien verkaufen, nach denen sie aus Mäusen Eulen machen wollen, weil Eulen weiser sind. Sie wollen Frösche langziehen, um aus ihnen Störche zu machen, denn Störche sind bekanntlich schöner als Frösche. Wenn die Therapie gelingt, frißt der Klient sich selber. Zuerst überzeugen sie Dich, daß Du völlig falsch strukturiert bist, und dann sorgen sie dafür, daß Du überhaupt keine innere Struktur mehr hast. Bis sie das erreicht haben, hast Du bereits eine ganze Menge Geld ausgegeben, um zu erreichen, daß Du Dich gar nicht mehr wiederfindest, und danach wird noch mehr Geld nötig sein, damit sie Dich so wieder zusammenflicken, wie sie meinen, daß Du zu sein hättest.
Aber, Bea, wo findest Du Dich dann wieder? Sie erlösen Dich aus Korsetts und Büstenhaltern der Vergangenheit und werden Dich einer neuen Generation angleichen. Sie stecken Dich in eine zwei Nummern zu kleine Jeans und schicken Dich so mit flachgequetschten Schamlippen in die Welt hinein. Im Namen der Freiheit.

Liebe Bea, ich kenne Dich schon eine Weile, und ich mag Dich. Ich mag den Frosch und die Maus, nicht die Eule und den Storch. Ich mag die kindliche Freude, die Du an Deinem Spielzeugauto von 20.000 Gulden hast. Ich mag Dein Plaudern ohne Sinn und Verstand, Deine Ausgelassenheit am Strand, Deine unbezwing-

bare Sehnsucht zu verhätscheln und verhätschelt zu werden. Ich mag Deine Lagerfeuerlieder, Dein rundes Gesicht, Deine großen Augen und den Daumen im Mund. Wenn Du unbedingt schnell wachsen willst – als ob schnell und wachsen je zusammenpaßten! – dann will ich dazu nichts sagen. Es sind Deine Froschschenkel, die zu Storchenbeinen langgezogen werden, nicht meine.
Aber ich selbst fühle mich bei den Vögeln und den Lilien des Feldes wohler als bei mit Hormonen großgezüchteten Straußenvögeln der Wachstumsbewegung.

Bruno.

P. S. Kommst Du bald nochmal zu mir zu einem herrlich ungesunden Essen?

Zurück zu den Kühen?

„In den ersten Tagen, als ich mich in San Francisco so mistig fühlte und nicht wußte, was mit mir anzufangen, da las ich alle Prospektchen durch, um zu sehen, was man hier so machen kann. Hunderterlei Sachen, -zig Therapien, Kunst-Klassen, Meditation, Schreinern, paranormale Ausbildungen, Mystik. Ich wurde schier verrückt davon.

... Ich wandte mich der Massage-Ecke zu: Rolfing, psychic paranormal massage (psychisch-übersinnliche Massage), Aura's erkennen lernen, usw. Bruno, Du glaubst nicht, was für verrückte Sachen man im Leben erleben kann...

... So viele Gruppen, so viel für all die verlorenen Menschen. Jeder rennt zu Gruppen: Therapien, Bio-Energetik-Zuständen, Massagen. Warum? Warum tun sie das? Warum tat, tue ich es? Bei der Massage „darfst" du jemanden berühren, während du massierst. Oder, in anderen Gruppen, wirst du berührt von Dingen, die dir gesagt werden. Aber es hat oft so etwas Gekünsteltes. Es gibt im Leben doch immer nur einige wenige Menschen, denen du dich wirklich nah fühlst, wo es echt ist, und wo dann auch alles ganz natürlich verläuft, wo du dich wirklich ganz ange-

nommen fühlst und es keine Energie kostet, da zu SEIN. Dafür willst du dich ganz einsetzen.
Wenn ich mich selbst und all die hilflos suchenden Menschen hier sehe, macht mich das ganz kank; und dabei kann es doch ganz nah sein… Dann überkommt mich wieder der Drang, wieder zur Natur zu fliehen und mich zu den Kühen zu setzen…"
(Adeltje, Februar '78)

Teil I

Was wird als Gutes und Böses abgestempelt

Autorität und Macht

Von meiner ersten Windel an bis heute höre ich Stimmen, die sagen: Gut so und Das ist nicht gut und Bah und Pfui und Paß auf daß du nicht und Sieh zu daß ich keine Klagen höre und Gib dir Mühe und Mach so weiter und Sei tüchtig.
Die Stimmen haben Autorität. Stimmen von Eltern, Erziehern, Presse, Kirche, Arbeitgeber oder „die allgemeine Meinung". Stimmen, die in der Welt um mich herum Macht haben oder hatten. Zu Recht oder zu Unrecht. Sie bestimmen, was gut ist und was nicht gut ist.
Auch wenn ich diese Stimmen brauche, so brauche ich sie doch nicht so häufig, nicht so lange und nicht so sehr…

3. April '77

Mexico City. Unmengen Autos. Große amerikanische Schlitten und das übrige sind Schrottkisten, bei denen du dich in jeder Kurve fragst, ob sie jetzt gleich auseinanderbrechen oder erst nachher.
Ich bin etwa drei Stunden zu Fuß gegangen. Mit dem Gepäck über der Schulter. Zur Stadt hinaus. In Richtung Cuernavaca. Ich spüre meinen Körper, das bin ich, und ich gehe sehr gerade, stark und zerbrechlich.
Ein Polizist, den ich nach dem Weg frage, versucht mich dazu zu überreden, doch den Bus in der Nähe von Trasqueño zu nehmen. Er drängt mich. Er befiehlt fast. Als ob es um seine Füße und um seinen Schweiß ginge. Die Polizei weiß, was gut für dich ist. Ich leiste ihm Widerstand, indem ich dem Gespräch eine andere Wendung gebe, so daß wir nicht mehr über mich sondern über ihn sprechen.
„Wieviel Polizisten gibt es eigentlich in Mexico City? Ich sehe sie an allen Straßenecken. Ein Taxifahrer erzählte mir, daß von zehn Männern einer bei der Polizei angestellt ist, während er zuhause noch einen Job auf den Namen seiner Frau hat. In einer Buchhandlung rechnete an der Kasse ein bewaffneter Herr in Polizei-Uniform mit mir ab. Wieviele mögen es sein?" „Fünfzigtausend echte", sagte er. Auf fünf Millionen Einwohner.
„Es una armada", sage ich ihm mit Augenzwinkern.

„Si." Und rattert stolz die Liste mit den zwölf wichtigsten Arten von Polizeimenschen herunter.
Während wir quatschen, hält er die Hand auf für die Pesos, die die Leute ihm zustecken, die dort ihre Autos parken, wo deutlich ein Parkverbotschild prangt.
„Sind Sie Parkwächter?"
„Nein, aber ich halte ein Auge darauf."
Ich halte mir die Polizei warm, und gleichzeitig versuche ich selbst alle Fäden fest in der Hand zu halten. Polizisten sind wichtig für mich, aber noch wichtiger ist mir, mich ihnen gegenüber so zu verhalten, wie „ich" es will.
Während ich über all dieses nachdenke, erwische ich mich dabei, daß ich nachrechne, wie lange mein Vater schon tot ist.
Das hat natürlich nichts miteinander zu tun.

Heute (6. April '77) zwei Filme gesehen. „Flucht nach draußen" (Science fiction) und „Adlerhorst". Ich schäme mich ein bißchen darüber und möchte das eigentlich verheimlichen, obwohl ich den „Adlerhorst" genossen habe.
Manchmal fühle ich mich richtig süchtig nach einem Film. Als Kind durfte ich nie einen sehen. Ein einziges Mal während des Krieges sah ich einen im Pfarrgemeindesaal: „Heidi und der Geißenpeter" mit Shirley Temple.
Kurz nach der Befreiung (ich war damals fünfzehn) – es fielen noch V-Bomben auf Antwerpen – wollte ich gerne ins Kino gehen, durfte aber nicht. Ich bekam kein Geld dafür, und ich war ständig unter Aufsicht. Eine V-Bombe fiel auf das Cinema Rex, wo gerade Buffalo-Bill gegeben wurde. Zweihundert Kinder kamen dabei um. Ich war ganz in der Nähe, als es geschah. Als dann der Krieg vorbei war (zumindest in Belgien), habe ich den Film „General Rommel in Afrika" mit all den life-Aufnahmen gesehen. Sehr viele Bilder stehen mir noch deutlich vor Augen. Eigentlich durfte ich nicht hin. Ich bat um fünf Franc. Mutti sagte: „Das bringt nichts Gutes." Vati sagte: „Wenn Mutti es dir erlaubt, kannst du meinetwegen gehen." „Der Feigling will nie etwas selbst entscheiden", dachte ich. Ich ging zu Mutti: „Vati erlaubt's." Inzwischen lag er schon im Bett zum Mittagsschläfchen. Mutti sagte: „... ausnahmsweise aber nur." Ich hatte sie gegeneinander ausgespielt. Später wurde es ihnen bewußt, und ich wurde bestraft.

Der elterlichen Gewalt entwischt

In der Zeit als die V-Bomben auf Antwerpen fielen, im Winter 44/45, durfte ich mit der Schule für drei Monate nach Dadizele in West-Flandern. Ich empfand es als eine Erleichterung. Weg von zuhause. Von den Geboten und Verboten.
Vater und Mutter brachten mich an den Zug. Frühmorgens um sieben Uhr. Ganz zum Süd-Bahnhof am Ende des Boulevard. Es schneite. Ab und zu mußten wir uns flach auf den Boden legen, weil in der Nähe Bomben einschlugen. Abwechselnd trugen wir die große Reisetasche.
Ich war schrecklich dankbar, daß ich wegfahren durfte, wagte meine Freude aber kaum zu zeigen, um mich nicht zu verraten. Mutti gab mir hundert Ratschläge über Gut und Böse. Ich vergaß sie sofort wieder. Vati sagte am Zug: „Sieh zu, daß ich keine Klagen höre."
In West-Flandern lernte ich viele schlechte Sachen. Rauchen. Reiten. Spielchen, bei denen man die Mädchen mit den Händen an ihrem Hintern fühlen ließ, was man von ihnen hielt, nonverbale Kommunikation. Schweine „beringen". West-Flämisch sprechen. Bunte Abende organisieren. Kühe und Pferde kämmen, bis sie geil wurden. Der Stute helfen, ihr Fohlen zu „werfen". Kühe melken. Hühner schlachten. Bei Hahnenkämpfen zusehen. Roman-Hefte lesen. Sich auf dem Heuboden balgen. Alle Bücher von Karl May, Snyders, Conscience, Claes und Timmermans bei Tag und Nacht verschlingen. Aus dem Lernen, so wie es sich gehört, wurde nicht viel. Zum Glück kam mir eine Krankheit zur Hilfe. Sie gab mir die Entschuldigung dafür, daß ich wegen Latein im Gymnasium nicht versetzt wurde.
Krankheiten kommen doch häufig ganz geschickt zur rechten Zeit am rechten Ort.

Ein begehrtes Gut

Was gut ist und was nicht gut ist, wird oft von der Macht her bestimmt, die du über andere hast. Oder von der Macht her, die eine (kleine) Gruppe von Menschen über eine andere (große) Gruppe hat. Das, wozu du die anderen zwingen willst, ist dann das Gute. Als Prüfer. Als Polizist. Als kapitalkräftiger Geldgeber. Als Vater. Als Ehefrau. Als Priester...

So deutlich sagst du es natürlich nicht. Du umschreibst es in: „Ich habe nun einmal Grundsätze, und davon gehe ich nicht ab." Oder du ziehst Gott hinzu. Oder das Vaterland. Oder eine Ideologie. Das macht sich immer gut. Dann kannst du aus den Wolken deiner Ideologie und über Gottes Schulter hinweg hinabsehen auf die Menschen, die „weder Gott noch seine Gebote" kennen.

Trotzdem bleibt es erstaunlich. Wenn der Student nicht leistet, was der Prüfer erwartet, dann ist es selten der Dozent, der durchfällt, sondern meistens der Student. Wenn die Kinder nicht tun, was die Eltern vorgeschrieben haben, dann sieht man daran nicht, daß das vorgeschriebene System vielleicht nicht so ganz in Ordnung sein könnte, sondern es ist nur der Beweis, daß die Kinder nichts taugen. Kein Wunder, daß Kinder und Studenten sich das gefallen lassen, um so schnell wie möglich auf die „andere Seite" zu gelangen. Dahin, wo man die Befehle austeilen kann.

Macht und Gewalt haben ist ein begehrtes Gut. Du sitzt am Hebel. Du bist der Sachverständige über den Unterschied zwischen Gut und Böse.

Paulchen

Der Krieg war für Paulchen eine großartige Zeit. Er war damals in den „undankbaren Jahren". Dann freut man sich um so mehr, wenn man die Erwachsenen ständig dabei erwischt, daß „nichts stimmt." Der Krieg gibt dazu viele Gelegenheiten. Man sieht das Gesicht der Erwachsenen ohne Maske. Sie müssen ständig Farbe bekennen.

Das verschaffte Paul ein heimliches Vergnügen und eine boshafte Spannung. Wenn Menschen nicht mehr übereinstimmen

mit dem, was sie predigen, dann passiert doch mal etwas. Und die Rache, die er selbst nicht an ihnen zu nehmen wagte, übten sie an sich selber.
Der englische Störsender berichtete, daß deutsche Städte dem Boden gleich gemacht würden und daß es täglich tausende Opfer gab, Vater und Mutter jubelten bei diesen Meldungen. Gespannt beobachtete Paulchen nachts durch das Dachfenster das Abwehrgeschütz, das um die überfliegenden Flugzeuge seine Wölkchen setzte und unser Blechdach durch Granatsplitter beschädigte. Ehrlich gesagt wünschte er es sich, daß heute Nacht wieder einer getroffen werden würde, um brennend herab zu stürzen wie ein schöner flammender Pfeil mit einem schwarzen Rauchschwanz. In der Schule wurde er wegen böser Streiche gelobt: Wegen der Tinte, die er in die Benzinflasche gefüllt hatte, mit der der einquartierte deutsche Obergefreite die Flekken aus Offiziersuniformen reinigen sollte. Weil er das Schulheft eines Klassenkameraden zerriß, dessen Vater zu den „Schwarzhemden" gehörte. Weil er das Taschenmesser und den Koppelriemen eines schlafenden Deutschen stahl. Und er wurde von seinen Kameraden als Held verehrt, als er am hellichten Tag in einen offenen Soldaten-Tornister pinkelte und eine Granate bei der Flak klaute und die – halb in die Hose gesteckt, halb unter der Jacke – mitbrachte...
Was ist gut, was ist böse?
Bei der Befreiung wurden die Häuser der Kollaborateure geplündert. Menschen liefen mit gestohlenem Mobiliar durch die Straßen; mit fünf, sechs Pelzmänteln im Arm aus einem Pelzgeschäft auf der Meir; mit Taschen voller Porzellan und Silberzeug. Man lachte darüber, und man fand es in Ordnung. Die einzige Kritik, die Paul seinen Vater dazu äußern hörte, war, daß nicht einer alles wegschleppen dürfte, so daß die anderen nichts abbekamen. Und Paul spürte, wie sein frommer Vater liebend gerne etwas von der Beute mitbekommen hätte, aber nicht die innere Freiheit der schlechten Menschen hatte, sich etwas zu nehmen.
Paul phantasierte darüber, wie herrlich es sein müßte, wenn man richtig schlecht sein konnte ohne Schuldgefühl. Dann konnte man doch wenigstens noch etwas erleben.
Er sah, wie in der Van-Heilenstraat Häuser leergeräumt wurden, und man das Mobiliar aus den Fenstern warf und verbrannte. Und die netten, anständigen Nachbarn klatschten Beifall, und

manche tanzten um den Scheiterhaufen. Die „Schwarzen" holte man aus ihren Wohnungen, zog sie aus, bespuckte und schlug sie. Auf der Straße mußten sie ihre Uniform anziehen und niederknien. Er sah, wie man Madame ter Halsen auf dem Bürgersteig auf ihren eigenen Küchentisch legte, ihr das Kleid hochzog, ihr ihr weißes Höschen mit den Spitzen auszog und ihr mit Teer ein Hakenkreuz auf den fetten Hintern malte, so daß die Linien des Kreuzes mit ihrem eigenen Kreuz zusammenfielen. Persönliche Fehden, Habsucht, Neid konnten sich frei austoben im Namen des Vaterlandes und der Befreiung. Die Menschen sahen erregt und lebhaft aus. Sie hatten wieder Farbe auf den Wangen und lebten wieder auf.

Was macht man mit den sieben Teufeln, die in einem stecken? Man kann sie austreiben oder zumindest versuchen, sie auszutreiben. Aber was bleibt dann noch von einem übrig?
Menschen völlig ohne Teufel wirken so gelb und blutleer. Als ob ihre Leber auch nicht mehr richtig funktioniere.
Menschen, die niemals aus der Haut fahren, was sind das für Menschen? Ohne Schatten sind Gestalten flache Gebilde. Die Grenzen verschwimmen. Die dritte Dimension gibt es nicht mehr. Schon als Kind fragte ich mich, warum die Menschen, die man als „Heilige" beschrieb, mir zwar rein und edel und ehrfurchtgebietend erschienen, aber nicht als glückliche Genießer. Die „Heiligkeit" von Pallieter bei Felix Timmermans schien mir viel anziehender zu sein.
Sollte es wahr sein, daß ein Haus, das von allen Teufeln befreit worden ist, sofort vom Anführer aller bösen Geister in Besitz genommen wird?

Frau Soufflé

Marianne, Untermieterin in Amsterdam, hatte heimlich einen Freund bei sich übernachten lassen. Am Morgen ließ sie ihn hinaus. Erst mal eben sehen, ob die Luft rein ist. Dann ging sie mit kräftigem, hörbarem Schritt voran, während er auf Zehenspitzen und auf Socken hinter ihr herschwebte. Aber als sie auf der Straße waren, lauerte jemand hinter einer Gardine. Noch am selben Tag wurde sie zu ihrer Vermieterin zitiert, und „sieh nur zu, daß du im nächsten Monat ein anderes Zimmer hast. Ich dulde keine Ferkeleien in meinem Haus. Ich muß an die Nachbarn denken und an meinen guten Namen."

Frau Soufflé – so will ich die Vermieterin einmal nennen – bezahlt 500 Gulden im Monat für das ganze Haus und bekommt für jedes der sieben Zimmer 270 Gulden und für die kleine Dachstube 110 Gulden. Das ist Macht. Das verleiht das Recht, das Intimste anderer Menschen „Ferkelei" zu nennen und „raus" sagen zu dürfen. Sie kassierte also 2 000 Gulden an Untermiete. Das ist möglich, denn es herrscht Wohnungsnot. Des einen Not ist des anderen Brot. Tausende junger Menschen suchen ein Zimmer. Das hat den Markt verbessert.

Während des Krieges gab es Leute, die Wahnsinnspreise für ein Kilo Kartoffeln, für etwas Mehl, für ein Brot, für ein Pfund Kohlrüben verlangten. Wucherer nannten wir sie. Aber man hatte Hunger und also bezahlte man.
Jetzt herrscht Hunger nach Wohnraum. Man bezahlt, was der Vermieter verlangt. Des Starken Wille ist Gebot. Man lächelt den Blutsauger freundlich an und vergißt auch nicht das Blümchen zum Geburtstag. Soll ich Ihnen den Mülleimer runtertragen? Sagen Sie's nur, wenn ich etwas tun kann. Frau Soufflé ist eine achtbare Frau und wird nicht ins Gefängnis kommen, denn die Regierung, der Wind und die Götter sind ihr günstig gesinnt. Es besteht auch keine Gefahr, daß eins ihrer Zimmer jemals leer stehen wird. Sie hat eine Vormerkliste; oder sonst ruft sie mal eben eine Wohnungsvermittlung an und stellt ihre Bedingungen:

„Sie haben ein Zimmer frei? Fein. Sagen Sie mir bitte Ihren Namen?"
„Frau Soufflé."
„Wie sind Ihre Bedingungen?"
„BTAH (Berufstätige außer Haus). AWA (Am Wochenende Abwesende). KH (Kein Herrenbesuch). Nach zehn Uhr überhaupt keinen Besuch. Nach zehn Uhr kein Radio oder Musik. Nicht kochen, denn ich wünsche keine Essensgerüche im Haus. Nicht waschen auf dem Zimmer. Und haben Sie nicht das eine oder andere Fräulein, das Sekretärin bei einem bekannten Professor ist, oder so? Das ist mir wichtig. Ich sage immer..."
„Natürlich, Gnädige Frau, wir geben uns Mühe."
„Es braucht keiner vorbei zu kommen, um sich das Zimmer anzusehen. Ich bin Kundin Ihres Büros. Sie wissen, daß bei mir immer alles tadellos in Ordnung ist. Übrigens, das Mädchen, das jetzt auszieht, hat das Zimmer gerade neu tapezieren lassen."

Es geht um einen Schuppen

Wir sind umgezogen (1970). Von Amsterdam nach Hilversum. In ein altes Haus mit Garten und einem Schuppen. Hier im Gooi geht die Sonne wirklich noch auf und unter und nachts wird es still. Wir bitten fast um Verzeihung wegen so viel Luxus.
Eigentlich müßte in die Menschenrechte aufgenommen werden, daß jeder Mensch ein Anrecht hat auf freistehenden Wohnraum mit Garten und Schuppen. Wer weiß, vielleicht würden die Menschen viel weniger laut an einander vorbeitönen, wenn jeder ein wirkliches Haus hätte und eine Sonne, die ganz für ihn auf und unter geht. Vielleicht wären dann weniger Straßen nötig, weil wir nicht so oft irgendwo hin müßten.
Als ich den Schuppen aufräumen wollte, stieß ich unerwartet auf ein Wespennest. Mit zwei Sprüngen war ich draußen und schlug die Türe hinter mir zu. Die Tierchen machten mir klar, daß ich in dem Schuppen nichts zu suchen hatte. „Hausfriedensbruch", summten sie kräftig, während sie in Schlachtordnung auf den Eindringling losstürmten. Du gibst dich damit natürlich nicht zufrieden. Es gibt ja schließlich noch so etwas wie das Recht des Stärkeren, würde ich meinen. In der nächsten Nacht, als die Wespen schliefen, habe ich das Nest ausgeräumt und verbrannt.

Die Wespen knackten wie Popcorn. Sie ruhen in Frieden und der Schuppen gehört nun uns.
Große Tiere sind kleineren Tieren gegenüber immer im Recht. Ich habe dafür keine Erklärung und der Storch, der die kleinen Kinder bringt und die Frösche schluckt, auch nicht. Survivals. Der Stärkste macht die Gesetze. Oder bricht sie.
Irgendwo gibt es für die Willkür der Mächtigen zwar eine Grenze. Kinder sollten Enten nicht mit Angelhaken aus dem Teich ziehen. Eine mächtige Rasse darf nicht einfach einem kleinen Volk zu Leibe rücken mit Bärentatzen, Hakenkreuzen oder „Stars and Stripes". Es gibt Grenzen. Aber wo liegen sie? Und man weiß inzwischen, daß sich die Falken nicht an diese Grenzen halten. Denn es geht um höhere Werte, sagen sie. Um den Frieden, sagen sie. Um den Frieden, in dem die Wespenfamilie nun ruht? Oder um die Frage, wer sich den Schuppen aneignet?

Von der Lust, hörig zu sein

Bei denjenigen, die die Normen von Gut und Böse eingetrichtert bekommen, stelle ich oft eine „Lust", auf diese Weise hörig zu sein, fest. Eine Art kindliche Lust, nicht selbständig sein zu müssen. Von Autoritäten vorgeschrieben zu bekommen, was sich schickt und was sich nicht schickt. Grenzen und Schranken zugewiesen zu bekommen, innerhalb derer man herumtollen darf. Sonst ist ja die Welt so groß und so voller Gefahren. Ohne bindende Vorschriften erscheint das Leben als eine viel zu riskante Unternehmung.
Wo alles deutlich vorgeschrieben ist, hat man Sicherheit. Man weiß vorher, was man tun und was man lassen muß. Ein vernünftiger Mensch kann dann dafür sorgen, daß er „nicht in Schwierigkeiten gerät".
Riskante Abenteuer und Eskapaden sind von vornherein ausgeschlossen. Die Touristenindustrie erniedrigt dich so sehr, daß du nirgendwo mehr reinfallen kannst, aber sie schenkt gleichzeitig eine solche Sicherheit, von der sogar das Corned Beef in seiner Dose nicht ausgeschlossen ist.
Es gibt dabei jedoch auch einige Fußangeln. Menschen verschleißen dabei. Sie werden zu Schafen in dem Betrieb, der sie züchtet. Sie sind gezeichnet von Schuldgefühlen. Das Zeichen,

das auf ihren Herrn hinweist. Manchmal versuchen sie zu entkommen. Durch Selbstmord, leben wie ein Heiliger, Verzweiflung, Wahnsinn: Arten des Verhaltens, wodurch sie zum Ausdruck bringen, daß es für sie keinen eigenen Ort gibt auf dieser Welt.

Veränderliche absolute Normen

Hinzu kommt, daß die absoluten Grundsätze, nach denen wir leben, sich mit der Kultur je nach Ort und Zeit „ändern". Wo bleiben wir, wenn absolute Wahrheiten nicht mehr absolut gelten? Im vorigen Jahrhundert schien Sexualität unmoralisch zu sein, und Keuschheit war das Ideal. Nun scheint es ideal, sexy zu sein, und die Verdrängung der Geschlechtlichkeit ist Ursache allen Übels. Im vorigen Jahrhundert galt Sparsamkeit als Ideal; wer jung sparte, wurde im Alter dafür belohnt. Heute wird Sparsamkeit eher bestraft. Das Ersparte verringert sich durch den Fiskus oder die Abwertung. Wer es wagt, Schulden zu machen, wird dafür belohnt und kann im Schlaf reich werden. Gleichzeitig wirkt sich die Kultur absolut und beherrschend aus. Wer sich nicht anpaßt, muß es teuer bezahlen. Wer nicht die gleichen Normen annimmt, gehört nicht mehr dazu. Und wer kann es sich schon erlauben, nicht dazu zu gehören? Wer will selbst entscheiden, was gut und was böse ist und damit zugleich das Risiko eingehen, aus dem Paradies des Wohlsstandstaates verbannt zu werden?
Das gilt ebenso für die christliche Kultur, die sich meistens absolut und klar umrissen mit ewigen Normen darstellt. Man

sollte allerdings die Geschichte dieser christlichen Moral lieber nicht allzu gut kennen, denn dann bleibt nicht allzuviel von diesen absoluten Grundaussagen übrig. Im Laufe der Zeit sind diese ewigen Normen in ihrer Bedeutung verschoben und verschwommen geworden. Sie verloren ihre eigentliche Bedeutung und purzelten häufig lustig durcheinander.
Selig sind die Einfältigen?

Dort wo deine eigenen Werte und Normen sich decken oder gleichschalten mit den Werten und Normen der Kultur oder Subkultur, in der du lebst, gibt es keine Probleme.
Die Schwierigkeiten kommen erst, wenn du den anderen voraus bist oder hintennachhinkst. Denn die Kultur deiner Umwelt ist der feste Grund unter deinen Füßen. Verläßt du ihn, dann gehst du weiter auf einem Boden, den es nicht mehr gibt oder der noch nicht für dich da ist...
Du kannst versuchen, das Spannungsfeld zwischen deinem eigenen Weg und dem breiten Pfad der herrschenden Kultur zu beseitigen:
1. Indem du deine eigenen Werte und deine Sicht der Dinge dann einfach verleugnest. Deine eigene Entwicklung ausschaltest...
2. Indem du auch ewig feststehende Muster einführst und mit allen Mitteln verteidigst. Damit vernichtest du aber den lebendigen Prozeß der Kultur. Du machst Kultur zum Kulturfossil ...
Dagegen kannst du das Spannungsfeld aber auch respektieren. Die Pole dieses Spannungsfeldes ganz und gar stehen lassen. Die Schmerzen des Asynchronen, des Ungleichzeitigen, als Geburtswehen des sich entwickelnden Lebens hinnehmen.

I had a dream (1967)

Ich war ohne jeden Anhauch von Heiligkeit gestorben und stand vor der Himmelspforte.
Die Erde war weit weg. Alles atmete Frieden.
Die Sonne saß auf einer Bank und sonnte sich, und die Sterne sangen im Weihnachtsbaum. Engel summten wie Glühwürmchen mit kleinen Gläsern Benediktiner herbei.
Ein Pförtner mit Mütze und Heiligenschein nahm mich beim Arm und führte mich zum Schalter. Ein Engel mit Hängebrüsten

beugte sich über einen Grundriß mit tausend kleinen Fächern. Er hatte schon fast alle Fächer durchgestrichen. Mit seinem Lippenstift.

Schließlich fand er noch eine Lücke, ganz hinten, auf dem dritten Balkon. Im Engelskasten, der – wie man weiß – im Himmel Eulenkasten genannt wird.

Der Pförtner begleitete mich und leuchtete mir mit der Taschenlampe, denn die Vorstellung hatte schon lange begonnen. Die Taschenlampe war mit Spinngewebe an einer leuchtenden Münze befestigt. Wie Nachtfalter flatterten wir dem hellen Punkt nach. Durch die Gänge. Der weißen Maus nach, die die Treppen hinauf rannte; um die Ecke; die Wand hinauf, wo sie zitternd in der Schwebe blieb. Ein Stern über der Krippe. Über einem Schemelchen an der Wand. „Dort“, flüsterte die Taschenlampe, und der Stern verschwand. Der Saal war gedrängt voll. Ich schob mir den Heiligenschein unter den Hintern, so wie die anderen es auch gemacht hatten, und versuchte, dem Gang der Handlung zu fol-

gen. Es war eine fesselnde Liturgie, obwohl ich von der Bühne nur wenig sehen konnte zwischen den Köpfen vor mir. „Liturgie", sagte ich, aber es hatte nichts von einer römischen, byzantinischen oder lutherischen Liturgie. Eben nur die Bezeichnung Liturgie stimmte überein. Das Bühnenbild war beeindruckend. Ein bißchen im Stil von Paradiso in seiner besten Zeit. Beleuchtet von farbigen Blasen, die aufkochend sich vermischten und wieder trennten. Ein Rhythmus des Raumes, der den Herzschlag antreibt und durch Ohren, Augen, Nase und Gleichgewichtsorgane eindringt, während sich die ganze Atmosphäre wie die Herzkammer zusammenzieht, sich selbst ausstößt, keucht, leerläuft, aufspringt, immer wieder sterbend und auflebend.
Über die Vorstellung selbst kann ich nichts Sinnvolles sagen. Vielleicht weil ich den Anfang nicht gesehen habe. Es erinnerte mich an die liturgischen Feierlichkeiten im Moulin Rouge.
Aber dann mit Pfiff.
Als der Beifall aufbrandete, wurde mir bewußt, welch unübersehbare Menge dort versammelt war. Ein kilometerbreiter Strom von Händeklatschern wurde durch geöffnete Schleusen gespült, und als die Schauspieler noch ein letztes Mal auf der Bühne erschienen, sah ich eine Apotheose, die ich niemals werde beschreiben können.

Der Vorhang fiel. Wie eine Wolke der Stille kam es über mich. Dann kam ein Cherub (oder ein Seraph, ich weiß es nicht, Gott weiß es!) und nach einigen Bekanntmachungen den Haushalt betreffend, vollzog der Cherub eine Zeremonie, die ich von meiner Kindheit her sofort erkannte...
An der schwarzsamtenen Wand hing so etwas wie ein Abreißkalender. Er glich dem „Kleinen-Hausfreund"-Kalender, den wir zuhause hatten. Von dem rissen wir jeden Abend vor dem Zu-Bettgehen das Blatt des vergangenen Tages ab. Der Tag verschwand damit aus seiner weißen Haut und löste sich in Schatten auf. Aber das berührte uns Kinder nicht. Was uns interessierte, war die Rückseite des Kalenderblattes, auf dem der Witz des Tages stand. Einer mußte ihn vorlesen, und er wurde dann unter Gelächter, Gekicher oder Achselzucken kommentiert. Danach gingen wir zu Bett.
An der schwarzen Wand hing also solch ein Ding. Aber viel größer. Der Seraph (oder Cherub, ich weiß es wirklich nicht, Gott

weiß es) stapfte schweigend hin und riß mit einer feierlichen Gebärde ein Blatt ab. Während er es vorlas, brach die Menge in Gelächter aus. Der Saal war wie ein großer kochender Marmeladentopf, der um mich her blubberte und lachend aufspritzte. Der Cherub (oder Seraph?) hatte den letzten Satz noch nicht ganz zuende gesprochen, als schon die Lampen aufleuchteten. Alle sprangen auf und drängelten johlend zum Ausgang. „Exsultabunt sancti in gloria, laetabuntur in cubilibus suis" (Psalm 149, 5) schoß es mir durch den Kopf. „Gottes Freunde im Himmel stehen lachend von ihren Stühlen auf und werden heute Nacht in ihren Betten noch Spaß daran haben" (eigene Übersetzung nach der Vulgata).

Wie mir das öfter geschieht, habe ich nicht verstanden, was auf dem Blättchen stand. Aus diesem Grunde bin ich oft ärgerlich mit mir selbst. Natürlich gibt's eine Entschuldigung: Ich saß ganz weit

hinten, und das Gelächter um mich her war das Einzige, was zu mir durchdrang. Darum blieb ich in meinem Eckchen sitzen, bis alle draußen waren, denn ich hatte bemerkt, daß der Cherub (oder Sheraph, ich weiß es nicht, Gott weiß es) selber unbändig mitgelacht hatte und das Blättchen einfach irgendwo hatte fallen lassen. Es war herabgeflattert und lag wie ein verlorenes Taschentuch dort vorne. Als alle draußen waren, lief ich hin. Wie ein harter Vorwurf brannte das Blatt mir in den Fingern. Es war kein Blatt vom Abreißkalender, sondern eine Seite aus meinem alten „Handbuch der Katholischen Moraltheologie."

„Es gibt nur wenige Beschäftigungen, sprach Me-Ti, die die Moral eines Menschen so sehr antasten, wie die Beschäftigung mit Moral. Ich höre behaupten: Man muß wahrheitsliebend sein, man muß seine Versprechen halten, man muß für das Gute kämpfen. Aber die Bäume sagen nicht: Man muß grün sein, man muß seine Früchte senkrecht auf den Boden fallen lassen, man muß mit den Blättern rauschen, wenn der Wind darüber weht." (Bertolt Brecht, Me-ti, Boek der Wendingen, Nijmegen '76, p. 97).

Profit

Ich beobachte oft, daß Menschen, die bestimmen, was in Ordnung ist und was nicht in Ordnung ist – wie sehr sie sich auch auf höhere Prinzipien berufen – selber davon profitieren. Indem sie bestimmen können, können sie auch dafür sorgen, daß das „Gute" auf ihrer Seite steht und das „Böse" auf der anderen. Dann ist es „gut", daß die Schwarzen in Südafrika rechtlos sind. Es ist für die gute Sache, wenn ein Türkenviertel durchkämmt wird als sei es ein Gangster-Nest. Denn der Apfel, der für den Wurm gut ist, ist schlecht für den Menschen.
Der ist ein guter Student, der den Vorstellungen des Professors entspricht. Eine gute Sekretärin ist die, die den Phantasien ihres Chefs entgegenkommt. Auch wenn die Phantasien mehr auf ihre Hüften als auf ihren Verstand gerichtet sind.
Bei internationalen Interessen geht das „Gute" selten über „Profit" hinaus. Es geschieht häufig, daß ein ausländischer „Böse"-wicht gesucht wird, um einen Prozeß anzuleiern, durch den mittels Angst und Panik die „nationale Einheit" hochstilisiert wird,

die inneren sozialen Ungerechtigkeiten in den Hintergrund verdrängt werden und ein Krieg als gute Sache gepriesen werden kann. Die Wirtschaft profitiert dann von dieser „guten Wendung“. Die gigantische Waffenindustrie bekommt jegliche Unterstützung, kommt zu großer Blüte und schmückt sich selbst mit dem Heiligenschein der Arbeitsbeschaffung-um-jeden-Preis.

Indoktrination

Wenn es um das Spiel um die Macht geht, dann wird es wichtig, so viele Menschen wie möglich davon zu überzeugen, daß das, was du zu deinem Vorteil gut nennst, auch von ihnen so beurteilt wird. Sonst verlierst du deinen Einfluß. Die Produkte, die du verkaufst, sind besser. Du bringst nun endlich den wahren Glauben. Deine Sicht der Gesellschaft ist die einzig Richtige. Undsoweiter.
Man kann Menschen so manipulieren, daß sie die scheußlichsten Dinge als „gut“ betrachten. Wenn die Weltwirtschaft ihren Vorteil darin sieht, kann sie durch Suggestion und psychologische Beeinflussung die Menschen systematisch dahin bringen, schließlich sogar einen Krieg, der nur noch eine Massenvernichtung bringen kann, „gut“ zu finden.

Verinnerlichte Autorität

Kinder brauchen Regeln. Gesetze. Leitung. Klare Grenzen, die sie sich nicht selbst setzen, sondern von anderen festgelegt sind.
Wer anderen Grenzen ziehen will, wer Regeln aufstellen will, wer für andere bestimmen will, was gut oder nicht gut ist, der zieht seinen Vorteil daraus, wenn diejenigen, über die er herrschen will, seine Gesetze und Regeln verinnerlicht haben. So werden sie zu hörigen Kindern, die dem festgelegten Programm auch dann noch folgen, wenn die elterliche Instanz nicht zuschaut. Hörige werden deshalb mit Idealen gefüttert, die ihre Gedanken und Gefühle lenken. Möglichst mit unerreichbaren Idealen. Die immer ihre Gültigkeit behalten, weil sie nie erfüllt werden. Reli-

giöse, soziale, humanistische oder industrielle Ideale können erreichen, daß du dich selbst nie mehr „in Ordnung" siehst. So daß du abhängig bleibst von den Gnaden, die dir die Wohlstandsindustrie, die politischen Machthaber oder kirchlichen Gemeinschaften versprechen durch ihre Ideologie, Reklame oder Theologie.
Du wirst dadurch auf die Zukunft hin programmiert. Von deinem heutigen Leben weg. Denke an später. An deine Pension. An die Entwicklungstendenz. An das wertbeständige Jenseits. An die kommende Welt, die es nicht gibt.
Du bist in der Schweiz zum Weihnachtsurlaub, oder gar noch vorher, und schon belagert man dich mit Plänen für die Sommerferien. Es ist „unverantwortlich, nicht jetzt schon für August zu buchen" lese ich im Prospekt. Aber wie kann ich denn ganz hier sein im Wintersport, wenn ich jetzt schon für den kommenden Rumänien-Trip im August „sorgen" muß?
Oder es wird so sehr der Nachdruck auf das Produkt gelegt, das du als späteres Ergebnis deines Studiums oder deiner Arbeit zustande bringen sollst, daß das Jetzt-arbeiten oder das Jetztstudieren seinen Wert und seine Freuden verliert. Dadurch wird der Wert des Jetzt-Lebens ausgehöhlt. Das Leben – der Faktor Mensch – wird aus dem Produktionsprozeß herausgeschnitten.
Oder du beschäftigst dich damit, wie deine Diplomarbeit „aussehen müßte", wenn sie fertig ist... Dadurch kannst du das, „was bereits fertig ist" verreißen, bis nichts mehr übrig bleibt, und so deine eigenen Möglichkeiten torpedieren.
Es sind alles verschiedene Weisen, um das Heute mit Zukunftsextrakten zu vergiften. Das Gute ist niemals hier. Immer nur dort. Und wenn wir es überhaupt je erreichen sollten, dann gibt es gleich neue Zukunftsideale, die uns dem Heute entfremden und uns in Abhängigkeiten fesseln.

Der sogenannte gesunde Menschenverstand

Dieses Getriebenwerden von verinnerlichten Idealen, Ideologien, Zukunftsträumen, Normen der Konsumgesellschaft nennen wir dann wohl unser „Gewissen" oder unseren „gesunden Menschenverstand". Auf diese Weise identifizieren wir uns mit der fremden Autorität, die auf unserem eigensten Territorium das Heft in Händen hält: dem Besetzer.
Angeblich folgen wir dann unserem Gewissen oder unserem Verstand oder unseren Grundsätzen und Idealen. In Wirklichkeit gehorchen wir der dominierenden Stimme der Gesellschaft. Sie hat sich bei uns einquartiert und lebt in uns durch Unterricht, Erziehung, Medien, eingeredete Bedürfnisse, usw.
Dieses hörige Gewissen ist der verinnerlichte Bundesgenosse für die Forderungen und Tabus einer fremden Macht.
Menschen behaupten: Ich folge meinem Gewissen, das mich auf das Gute hinweist. Oder: Ich handle nach meinen Worten. Oder: Dies habe ich gewählt. Oder: Das will ich um jeden Preis.... Aber man könnte nicht sagen, daß sie sich dabei entfalten. Sie sehen verwirrt aus und verkniffen, während sie das tun, was sie angeblich wollen und wählen. Sie sind nicht stimmig mit sich selbst. Sie machen nicht erleichtert und gefestigt weiter. Zu dieser Kultur gehören sie, weil sie unterworfen wurden.
Ideale, Normen, Regeln, Moral füllen die innere Leere. Der Einzelne wird ohnmächtiger, einmal selbst kreativ etwas zu beginnen.

Wöchentliche Pilgerfahrt

Ria, eine alleinstehende Frau von fünfundvierzig Jahren, erzählt mir, daß sie an jedem Wochenende zu ihrer Mutter nach Den Haag fährt, und von jedem Wochenende kehrt sie enttäuscht nach Hause zurück. Seit zwanzig Jahren.
„Was erwartest du von ihr?"
„Das sie mir sagt, daß ich gut bin so wie ich bin. Aber das wird sie mir nie sagen, denn sie läßt mich nicht los. Ich will, daß sie mich so akzeptiert, wie ich bin. Aber das wird sie niemals tun, denn

dann könnte ich meinen Weg gehen anstatt ihren. Dann wäre sie mich los..."
Jede Woche eine Reise umsonst. Eine nie-zu-tilgende Schuld. Die Tochter rennt gegen eine Wand an.
Diese eine Mutter zählt. Ihr „in Ordnung", das niemals kommt. Verbundenheit, die nötigt. Während die Welt voller Mütter ist, hängt und zerrt sie weiterhin an den beiden trockenen Brüsten, aus denen für sie nie ein Tropfen gesunder Milch geflossen ist. Jahre lang. An jedem Wochenende. Mit den richtigen Bedürfnissen an der falschen Adresse.
Und dann nichts anderes tun als maulen. Und sich selbst zürnen. Und immer abhängiger werden von dem einzig Guten, daß aus dieser Richtung niemals kommen wird. Verwirrung zwischen dem Idealbild von einer Mutter, von all der Gnade, die es geben müßte, und der Erfahrung einer ausgetrockneten Mutter, die schmerzhaft und leibhaftig da ist.

Scheißhaus

Ich träumte, daß ich in einem altmodischen Gemeinschafts-Scheißhaus saß. So eines, wie die Römer das früher hatten. Ein großer quadratischer Raum. Marmorne Sitzbänke an den Wän-

den. -Zig Sitzplätze nebeneinander. Der umgeleitete Bach, der unter den verzierten Sitzplätzen hindurchfließt, um eventuelle Haufen freundlich plätschernd fortzuspülen.
An den Wänden hingen Texte eines Kursus, den ich noch selber geschrieben hatte. Die Titel sprachen eine klare Sprache: „Kakken ohne Mühe" – „Einfacher Scheißkursus für non-professionals" – „Wie mache ich es selber" – „Selbstorganisation beim Kacken" – „Die sieben Stufen der Vollkommenheit beim Scheißen" – „Harmonie beim Drücken durch Yin und Yang"... Alle möglichen Ratschläge hingen auf großen Blättern um mich herum. Das gab mir ein erhebendes Gefühl, denn dies war meine eigene Schöpfung.
Leute kamen herein, setzten sich zurecht, erledigten ihre Bedürfnisse und gingen erleichtert wieder, während sie noch eben den Rock oder die Jacke zurechtzupften. Das Bächlein plätscherte unter mir daher. Freundlich zu jedem. Die Besucher lasen die Literatur an den Wänden, und sie gab ihnen anscheinend viel. Einige gingen hinterher zu einem der großen Blätter und malten ein Kreuzchen an den einen oder anderen Lehrsatz, der ihnen besonders weitergeholfen hatte. Oder sie unterstrichen nur ein Wort oder einen kurzen Satz. Sie nickten mir freundlich und dankbar zu.
Aber wie lange saß ich denn nun schon da? Es schienen mir Jahre zu sein. Selber kacken konnte ich nicht.
Ich wurde wach und fand mich selbst einen Scheißkerl. (Juni '77)

His master's voice

Was Stimme der Vernunft oder des Gewissens genannt wird, kommt bei mir immer häufiger an als Stimme des Meisters. His master's voice. Die Dressur des Berufs, der Partei, der Umwelt. Ein angelerntes Verhalten, das dem Hund eigentlich fremd ist. Er gehorcht seinem Herrchen. Auch wenn die Befehle ihm zum Nachteil gereichen und ihn verwirren. Die Normen wirken. Nicht etwa weil sie zu ihm passen. Sondern, weil die Macht der Dressur und der daraus entstehenden Abhängigkeit größer ist als sein Vermögen, herauszufinden was gut und was nicht gut für ihn ist und dann dafür einzustehn.

„Es ist meine persönliche Meinung, daß..." Und dann folgt häufig ein Zitat aus der „Zeit", oder der Tageszeitung, oder der „Welt". Oder aus der Fachliteratur. Oder aus einem Lehrgang. Oder aus dem Glaubensbekenntnis einer Kirche oder einer Antikirche, einer Kultur oder einer Antikultur. Wir sprechen wie freie Menschen, die selber denken und fühlen und wählen. Aber in Wirklichkeit ist unsere sogenannte Freiheit oft ein voraussagbares Produkt von Training oder Erziehung.
Viele Formen des Trainings oder der Therapie sind nur Ersatz einer Dressur durch eine andere. Man kann nichts dagegen einwenden. Vor allem, wenn die zweite Dressur das Leben angenehmer macht als die erste. Aber wenn du Dressur Freiheit nennst und auch noch daran glaubst, dann bist du jemand, der Dressur Freiheit nennt und auch noch daran glaubt.

Schönheit ein Tabu

Heute (21. 12. '76) den Film Barry Lyndon angeschaut. Rembrandt- und Vermeereindrücke. Fast jedes Bild ein unvergeßliches Gemälde. Die Leute im Saal lachten geniert in den unpassendsten Momenten.
Es ist, als ob die Schönheit ein Tabu wäre. Das Wort „schön" (= schoon im Holl., d. Ü.) scheint aus der holländischen Sprache gestrichen zu sein. Es wird jetzt nur noch von der Reinemachefrau (=schoon gleich 'rein'. d-Ü.) benutzt für niedrige Dinge. Das alte Wort „schön" wird ersetzt durch das banale „nett", das armselige „hübsch" oder das pedantische „ästhetisch".

Eine alte Aussage der Sioux-Indianer lautet: „Mein Leben ist voller Schönheit. Die Schönheit des Jung-seins oder Alt-werdens. Die Schönheit von Tag und Nacht. Die Schönheit der Jahreszeiten; der Kinder um mich her und der Ernte. Diese Welt der Schönheit ist der Welt des Weißen Mannes fremd."

Verschiebung der Werte

Ich kann der Tatsache nicht entgehen: Ich brauche eine Ethik. Das Wissen um Gut und Böse. Aber wie bekomme ich es, wenn nicht auf dem Wege über Autorität aus Hörigkeit, Profit, Macht, Indoktrination? Woher bekomme ich meine Normen?
Ich stelle fest, daß sich mir die Werte verschieben. Dinge, die mir früher eindeutig „gut" zu sein schienen, sehe ich jetzt als schlecht an (z. B. die Fähigkeit mich unantastbar zu machen; der Beste im Verein sein zu wollen, usw.). Und Dinge, die mir viele Jahre als schlecht erschienen, sind jetzt für mich zu wertvollem Gut geworden (zum Beispiel: weniger arbeiten und monogam leben). Ich beschäftige mich auf andere Weise mit Gut und Böse.
Die Ethik von Idealen her und von dem, was sein sollte, mußte fast auf allen Gebieten vor den Tatsachen kapitulieren. Die Ethik des Besten, des Fundiertesten, des Wichtigsten stirbt an der eigenen Krankheit. Der Terror vernichtet sich selbst.
Mir geht es jetzt eigentlich so: Ich frage mich, bei welchem

Schritt ich angelangt bin. Manchmal, wenn ich mich selbst beobachte, überfallen mich ideale Pläne wie einengende Wolken, und ich fühle einen zunehmenden Schmerz im ganzen Leib. Also, sage ich mir, ist dieser ideale Plan kein guter Plan für mich. Das ist die Verschiebung von „was ist gut?“ nach „was ist gut für mich?“ Theoretisch weiß ich das schon seit Jahren. Praktisch ist es für mich eine schwindelerregende Wendung. Gut ist der Schritt, der jetzt zu mir paßt. Böse ist der Schritt, der mir, so wie ich jetzt bin, oder anderen, so wie sie jetzt sind, Gewalt antut... Damit habe ich allerdings keine Sicherheiten mehr außerhalb meiner selbst. Gewißheit über das, was gut ist und was nicht gut ist „bekomme“ ich auf diese Weise nicht mehr. Ich bin verantwortlich für das, was ich tue. Für den nächsten Schritt, den ich mache. Mir wird keine Sicherheit von irgendeiner Instanz „gegeben“. Ich „fasse“ einen Entschluß. Dies ist „mein“ Schritt. Hier erkläre ich mich selbst verantwortlich und wertvoll genug, um selbst zu leben. Das ist der Unterschied: In deiner eigenen Haut stecken oder dich tapfer in den Schlingen deiner Ideale winden. „Leben aus der Seele heraus anstatt aus dem Gewissen.“ (Jung)

„Schmetterling, Schmetterling, flattere fort
Jetzt einmal hier und dann wieder dort.
Jetzt einmal nah und dann wieder fern.
Schmetterling, Schmetterling, ich seh' dich so gern.“

Aus einem Brief von Lijntje:
„Ich habe entdeckt, daß ich, wenn ich grübele und dann versuche zu meditieren, daß ich dann noch mehr grübele. Jetzt habe ich seit einigen Wochen angefangen, zu masturbieren anstatt zu meditieren. Ich fühle mich dabei viel wohler. Seitdem habe ich auch keine kalten Füße mehr und meine Pickel sind verschwunden.“ (14. 12. '76)

Wenn ich in die Ferne schaue, weiß ich nicht, wo mein Bestimmungsort liegt. Und doch bin ich mir des Wegs, den ich gehe, ganz gewiß: Dieses ist der richtige Weg. Nicht etwa, daß ich mir in Gedanken einen Strich gezogen habe von meinem Ziel bis zu der Stelle, an der ich jetzt bin, und dieser Linie schlecht und recht folge. Diese Sicherheit ruht in mir: Wie bei einem Gläubigen. Ich folge sozusagen meinen eigenen Schritten, Schritt für Schritt. Und es wird mir nicht mehr als ein Schritt auf einmal gegeben. Noch nie habe ich so viel empfunden. Noch nie so viel Schmerz. Noch nie so viel Frieden und Freude gleichzeitig mit dem Schmerz. Noch nie so viel Sicherheit über das, was ich als Nächstes will, und gleichzeitig totale Unsicherheit über das, was ich in weiter Ferne will. Noch nie bin ich so verletzlich und müde gewesen und zugleich so bärenstark. (7. 12. '77)

Mir kommt immer wieder ein Satz in den Sinn. Ein Satz, der mir neu ist wie ein Geschenk: „Warum sollte ich mich nicht lieben lassen? Warum sollte ich mir selbst nicht eine ganze Menge gönnen?"
Eine andere Ethik anstelle der Schuldgefühle und der Gefühle der Ohnmacht. An die Stelle der Hörigkeit nach dem Streben nach einer Vollkommenheit, die außerhalb meiner selbst und ohne mich umrissen ist. Anstelle des Terrors und der Selbstquälerei, die mir bei allem, was ich tat, eins drüber gab. An die Stelle von: „Ist das wohl richtig so? Ist es für ihn oder sie oder für die Welt wohl gut, wenn ich mir etwas Gutes gönne? Kann ich es wohl zulassen, daß ich mich selbst liebe und mich lieben lasse?"
Früher fragte ich mich immer: Was ist am besten? Ich fragte mich. Ich-mich. So vereinsamte ich. Der Mann, der ganz alleine darüber nachgrübelt, was das Beste für alle anderen ist. Ich habe es mir noch nie so zugetraut, zu lieben, wertzuschätzen, zu vergeben. Heute Abend stelle ich das Telefon ab. Denn ich bin frei. Der Therapeut ist selbst an der Reihe.

„Es scheint als würde ich meine Ideale verlieren und beginnen, meinen Weg zu finden."
„Was meinst du damit?"
„Daß Kinder im Sandkasten sich mehr erlauben dürfen als ‚Unsere Liebe Frau von Fatima' über den Wolken."

Ethik des Organismus

Man braucht eine Ethik. Man muß wählen können: „Dieses wohl“ oder „Jenes nicht“. In Ordnung oder nicht in Ordnung. Aber wo steht der Baum der Erkenntnis des Guten und Bösen? In dieser oder jener idealen paradiesischen Welt? In den Parkanlagen der großen Machthaber? Oder ist der Baum der Erkenntnis von Gut und Nicht-gut derselbe wie der Lebensbaum, dessen Saft uns durch Leib und Seele strömt und dessen Früchte einfach an unseren eigenen Zweigen und in unseren eigenen Händen wachsen? Man kann sich die Ethik aus den offenbarten Idealen oder aus der Autorität der Mächtigen oder Experten holen. Und ich wüßte nicht, was man dagegen haben könnte, wenn man damit glücklich ist. Aber auf die Frage: „Was ist gut und was ist nicht gut?“ kann man auch für fast alle Dinge eine eindeutige Antwort in der Ethik des eigenen Organismus finden.

Ich kann in meiner Leiblichkeit (die zugleich mein geistiges Sein umfaßt) Erfahrungen machen, die ich mit Sicherheit als gut oder nicht-gut erkennen kann. Daraus kann ich eine praktische Ethik entwickeln, um meinen eigenen Kurs zu bestimmen. Also nicht aus allerlei Überzeugungen oder Grundsätzen oder aus einer Offenbarung oder einem Befehl. Ich kann einfach aus meinen geistig-leiblichen Erfahrungen Dinge schätzen oder verwerfen. Eine Werteskala anlegen. Eine Marschroute austüfteln, die ich gehen will. Geradeswegs durch das Chaos der Möglichkeiten. Gut und böse sind dann nicht mehr Kriterien von außen oder über mir. „Gut“ oder „böse“ deuten dann an, wie sich Teile der Welt zu meinem Dasein verhalten. Gut und Böse haben dann ihre Bedeutung in der Relation zu meinem So-sein. Ich bestimme es mit. Von dort her, wie ich jetzt bin.

Respekt

Solche Ethik ist eine Ethik des Respektes, der Achtung. Der Achtung vor Menschen, so wie sie sind. Vor uns selbst so wie wir sind. „Gott liebt diese Welt, die da ist und nicht die Welt, die da sein müßte.“ Achtung vor dem, was Menschen und Dinge uns

bedeuten, und vor demjenigen, was sie uns nicht bedeuten. Und vor demjenigen, was wir anderen bedeuten und was wir ihnen nicht bedeuten.
Diese Ethik des Respektes steht in direktem Widerspruch zur Ethik von Idealen her, von Wunschbildern aus.
Ein Ideal hat nämlich wenig mit den konkreten Bedürfnissen des Menschen, der du bist, zu tun. Dich selbst verwirklichen kannst du deshalb auch nur aus dir selbst heraus und nicht von Idealen her. Aus dem tiefsten Grund deiner Einsamkeit, deiner Hoffnung und Verzweiflung.
Das Ideal ist nur ein Bildschirm; darauf wird der projiziert, der du eben nicht bist. Wenn du dich selbst damit eifrig identifizierst, verfremdest du dich selbst zugleich ganz stark. Du wirst dann zum Fremden, vielleicht gar zum Feind deiner verletzlichen Schwachheit, des Auf und Ab deines eigenen Rhythmus, deiner eigenen Meinung, deiner eigenen Erfahrungen, deines Verlangens nach einem Mann oder einer Frau oder dem Alleinsein, deines Alterns, deiner Invalidität oder deiner Krankheit. Der Vorhang deiner Wunschbilder trennt dich von dem, der du bist und verurteilt dich, so wie du jetzt bist. Ideale sind Vorwürfe. Solange sie unser Leben bestimmen, leben wir in Ängsten und Schuldgefühlen. Und unsere eigenen Lebenskräfte sind dann unsere zum Tode verurteilten Feinde, die der Fassade platzmachen sollen.
Mit der Ethik des Respektes aber stehst du zu deiner Schwachheit, deinen Wurzeln. Stehst du auf deinem eigenen Grund. Du wirst zu deinem eigenen Orientierungspunkt. Dieser Prozeß heilt von innen her.

Weihnachten

Es ist Weihnacht (1977) und ich bin irgendwo in Polen, etwa hundert Kilometer vor Kraków. In der Mitternachtsmesse. Zu meiner Linken zwitschert ein altes Weiblein. Ich schätze sie auf neunzig Jahre. Sie riecht älter. Gekrümmt sitzt sie auf der Bank. Nur noch Haut und Knochen. Sie klammert sich zittrig an das massive Betpult. Und hinter mir erklingt das satte Tremolo einer lieben, bebenden, typisch holländischen, nach Kölnisch-Wasser duftenden Truthenne.

Rechts von mir sitzt ein Achtzehnjähriger, der mit schmerzhaftem Ernst gottesfürchtig ist. Ich höre ihm zu. Sein Lied erklingt aus Kellern, die deutlich erkennbar das ganze Jahr über verschlossen sind für Laute, die aus der Tiefe hervorbrechen möchten. Aber er singt. Eine magere Jungenstimme, die mit großer Anspannung die schwere Kellertüre aufschiebt und mal eben frische Luft schnappen darf...

So ist die Kirche voller Stimmen. Als der Refrain aus voller Männerbrust ertönt, befreien sich schräg hinter mir große Schwaden von Sliwowitzdämpfen, die sich vermischen mit dem Eau de Cologne-Geruch und dem Aroma des neunzig-Jahre-alten getrockneten Äpfelchens.

Während „Gott mit Polen" gesungen wird, stehen alle Menschen in der Kirche sehr gerade und singen, daß es schallt. So richtig von innen heraus. Ordentliche Leute, protzig und in Pelzen. Habenichtse im Regenmantel. Heimliche Übeltäter mit hängenden Lippen. Kleine Kerle von einmetersechsundfünfzig und Schultern, die ihnen bis über die Ohren gehen. Und Riesenkerle, sicher einsneunzig lang. Magere Latten und dicke Weiber, die rundherum nur aus Bäuchen, Pobacken und Brüsten bestehen... Sie singen.

Die eingesperrten Vögel werden für einen Augenblick in die Freiheit entlassen. Krächzend, zwitschernd, schnatternd, piepsend, gurrend, flatternd. Oder nur zitternd aufhüpfend. Oder im Sturzflug Kapriolen schlagend.

Zusammen singen sie die gleichen Worte. Die Worte entschlüpfen vermummt dem Hüter ihrer Scham. Freiheraus. Denn dies sind Worte, die gerade so viel verbergen, wie du selbst es willst. All die Dinge, die du selten oder nie einem anderen sagst: „Ich bin ein Versager..." oder „Wo bleibt nur das Wunder?" oder „Ich bin jetzt fünfundfünfzig Jahre alt und habe meine Mutter immer noch nicht gefunden. Mutter, wo bist du?" oder „Mich schmerzt meine Liebe so sehr" oder „Ich bin mehr als nur mein mißlungenes Leben" oder „Armes Ich" oder „Ich bin alleine und will irgendwo dazugehören" oder „Ich freue mich, daß ich lebe."

Ethik des Organismus und christliche Ethik

Der wichtige Ausgangspunkt der Gestaltphilosophie lautet: „Der Organismus (= ein Mensch, eine Gemeinschaft, eine Organisation) birgt in sich meistens bereits das, was er braucht, um seinen eigenen Weg zu finden."
Damit wird nicht – den Christen sei's gesagt – der Schöpfer und seine Weltordnung angetastet. Im Gegenteil. Es bedeutet, daß die Schöpfung kein Chaos ist, das dann eben von außen her gelenkt werden muß. Gottes Werk ist kein Fehlschlag. Es ist so gelungen, daß es in sich auch dynamische Richtlinien für die eigene Fortentwicklung birgt. Menschen können sich dieser inneren Orientierung bewußt werden, indem sie aufmerken, wie es um sie bestellt ist.

Paulus an die Römer 2

„Tut Einer nun Dinge, die nicht richtig sind (τθ ΚαΚσυ), so kommt über seinen Lebensodem (ψυχη) immer ein Druck und Beklommenheit (ϑλιψιζ Και στευσχωϱια). Ob er nun Jude ist oder nicht, das macht keinen Unterschied. Bei dem, der das Gute tut, über (επι) den kommt Bestätigung (δσξα), er gibt sich damit selbst das volle Pfund (τψη) und bekommt dadurch Frieden. Das gilt nicht nur für die Juden, sondern auch für Nicht-Juden. Denn Gott schaut den Menschen nicht nach den Augen... Wenn Nicht-Juden, die das Gesetz also nicht haben, von selbst tun, was des Gesetzes ist, dann sind sie sich selbst zum Gesetz, auch wenn sie das Gesetz nicht haben. Denn durch ihre Taten zeigen sie, daß das, was das Gesetz fordert, in ihren Herzen geschrieben steht. Und sie werden bei dem, was sie tun, bestätigt durch ihr eigenes, klares Wissen um das, was im Gange ist (συνειδησεωζ) (=awareness/Bewußtsein). Ein Bewußtsein, das sie anklagt oder freispricht, wenn sie darüber nachdenken..."

Der vorausgegangene Text ist eine eigene Übersetzung aus dem Grundtext, weil die bisherigen Übersetzungen allzu sehr die Bedeutung der Worte überlagern mit kirchenkulturbestimmten Termini. Als ich den Entwurf dieser Übersetzung Aat van Rhijn (ein Kollege, der in diesen Dingen versierter ist als ich) zu lesen gab, bekam ich von ihm die folgenden Erläuterungen: Bei dem

von Paulus benutzten Wort Lebensodem ($\psi \nu \chi \eta$) mußt du an die Bedeutung des hebräischen nefesh denken. Das heißt: körperliches Leben. Also: Leben, so wie ich es mit meinem Körper tue: handeln, verlangen nach, Spannung, auf etwas aus sein, Hunger haben, durstig sein, atmen, usw. Mein Leben offenbart sich in meinem Körper. Ganz konkret. $\psi \nu \chi \eta$ ist dann deine „Gestalt" im dynamischen Sinn des Wortes. Mehr also als nur Atemholen.
$\delta \lambda \iota \psi \iota \zeta$ und $\sigma \tau \varepsilon \nu \sigma \chi \omega \varrho \iota \alpha$ sind fast synonym und beziehen sich beide auf „in die Enge getrieben sein". An sich reizt es, $\psi \nu \chi \eta$ als „Atemholen" zu übersetzen; aber ich denke, daß es noch andere lebenshemmde Dinge gibt als ein stockender Atem: Herzstillstand, Erschlaffung der Muskeln, schlotternde Knie... Denn beide, $\upsilon \lambda \iota \psi \iota \zeta$ und $\sigma \tau \varepsilon \nu \sigma \chi \omega \varrho \iota \alpha$ deuten beim Gebrauch des hebräischen Synonyms auf „lebenshemmend" in der psychosomatischen Bedeutung des Wortes $\psi \nu \chi \eta$. $K \alpha K \theta \nu$: Das mußt du nicht „griechisch" übersetzen (z. B. als das Böse), sondern als „die Verseuchung"...
Für $\delta \sigma \xi \alpha$ $\delta \varepsilon$ $K \alpha \iota$ $\tau \iota \mu \eta$ sollte man auch wieder hebräische Synonyme gebrauchen: „Bestätigung" scheint mir eine recht gute Übersetzung zu sein.
$\tau \iota \mu \eta$: schwerwiegen, ins Gewicht fallen, = ehren = das volle Pfund geben.

Was in der Gestalttherapie als selbstregulierendes Prinzip im Menschen bezeichnet wird, ist nichts anderes als die Botschaft der Mystiker: Das Reich Gottes ist in euch. (Oder die Botschaft der Upanischaden als Reaktion gegen die unfreimachenden Riten und Regeln der Religiosität). Der Buchstabe der Normen tötet, der Geist (= dein innerer Brunnquell) kann machen, daß du lebst. Leben aus der inneren Quelle – das „geistige" Leben – macht alles was du tust zu einer Einheit: Philosophie, zimmern, kochen, Therapie, Gebet, zeichnen...

„Ser, nada mas. Y basta.
Es la absoluta dicha."
„Sein. Nichts mehr. Das ist genug.
Das ist das volle Glück."

(Wo habe ich das schon einmal gehört oder gelesen?)

Maßstab der Gebote Gottes ist der Mensch

Der Gott der Christen macht den Menschen selbst zum Maßstab seines Lebens. Nichts ist gut-an-sich oder böse-an-sich. Darum zieht Gott letztlich keine Grenze zwischen dem einen oder anderen Volk Gottes und den anderen, die nicht zu diesem Volk gehören. Zwischen den Guten und den Bösen. Zwischen Freunden und Feinden.
An dessen Stelle tritt: Unendliche Achtung vor jedem Menschen; Vergebung ohne Ende; Immer wieder neue Chancen; Bundesgenosse für jeden Menschen an dem Ausgangspunkt, wo er gerade steht; Liebe, die nicht nur die Schwachen und Rechtlosen meint, sondern auch die Gottlosen und Missetäter. Und diese Achtung ist wirklich auf sie gerichtet, so wie sie jetzt sind und nicht auf ein Idealbild dessen, wie sie sein sollten. Das heißt nicht, daß es keine böswilligen Menschen gibt. Gib Obacht, denn sie wollen nur dein Bestes. Aber die Bösen gehen zu Grunde. Nicht von außen bewirkt, sondern sie halten einfach nicht Stand; von innen her. Der Boshafte schafft sich selbst die Hölle. Das Böse ist seine eigene Verdammnis. Dafür braucht Gott nicht zu sorgen.

Ismaela war eine Frau, die nicht ruhig genug war, um beten zu können.
Sie betete: „Herr, Du siehst auf einen Blick, daß ich zu unruhig bin, um zu beten."
Das war das vollkommene Gebet Ismaelas, der Frau, die nicht zur Ruhe kommen konnte. Und sogar Gott wußte nicht, was man an diesem Gebet noch hätte verbessern können.

Gleichzeitigkeit von Gut und Böse

Gutes und Böses sind nicht gut und böse an sich, aber in Bezug auf seine Eigenart. Diese Verhältnismäßigkeit von Gut und Böse nimmt im östlichen Denken (zum Beispiel Tao oder Judentum) einen großen Raum ein.
Gut und Böse schließen sich nicht etwa aus, sondern sind eher Pole, die sich gegenseitig im Gleichgewicht halten wie ein

Spannungsfeld zwischen hell und dunkel. Das Paradies und die Hörigkeit. Ungehorsam und das Wissen um Gut und Böse. Gott, der Mensch wird. Der Gerechte, der zu den Sündern gehört und sich dabei auch noch am wohlsten fühlt. Der Retter, der aus Nazareth kommt, und was kann denn aus Nazareth Gutes kommen? Der Golem: Freund und Feind zugleich... Bestehende gradlinige Denkmuster werden davon vollkommen verwirrt. Damit wird der Mensch so wie er ist verherrlicht, und zum göttlichen Geber von Normen für sein eigenes Dasein gemacht. Daraus entsteht eine Ethik, durch die Menschen nicht auf Zehenspitzen zu gehen brauchen (dadurch könnten sie womöglich alle Festigkeit und ihr Gleichgewicht verlieren), sondern sie dürfen dadurch mit dem ganzen Fuß auftreten. Auch wenn der Pfad verschlammt ist.

Gut ist, was stimmig ist

Diese Ethik aus dem eigenen Inneren (die beispielsweise auch der Gestalttherapie zugrunde liegt), geht davon aus, daß für den Menschen „gut“ ist, was ihm „eigen“ ist. Dein Organismus klagt dich an oder bestätigt dich aus deinem eigenen Inneren. Du kannst fühlen, was mit dir selbst übereinstimmt oder was mit dem Menschen, der du bist, nicht stimmt. Nicht was deinen Idealen entspricht (denn die sind oft von Kultur und Umwelt beeinflußt), sondern deinem Verdauungsapparat, deinem Atem, deinem inneren Freiraum oder deiner Beklommenheit, deiner überzeugenden inneren Gewißheit, deinem Tun und Lassen, Herz, Haut und Seele. Dieser innere Führer zeigt sich nicht, wenn du ihn mühsam überlegend suchst oder versuchst, ihn in die Hand zu bekommen. Er wirkt nur dann, wenn du es wagst, dem, was sich meldet, ein Eigenleben zuzugestehn.

Ich freue mich mehr an meiner Arbeit. Ich wende mich immer mehr den kleinen, schlichten Dingen zu. Ich lebe weniger von Techniken, Theorien, Ideologien her. Mehr aus meinem schlagenden Herzen. Ich fühle, daß das „gut“ ist. Das stimmt mit meinem Ich überein und nicht mit meinen Idealvorstellungen. Es wird mir nur schwer, auf diese Art arm zu sein, wenn ich es tatsächlich bin. Wenn ich dann für diese Ehrlichkeit keine Belohnung bekomme, sondern in der Masse der gewöhnlichen Menschen verschwinde...

Paulus an die Römer 14

„Der eine ist davon überzeugt, daß er alles freimütig essen darf; wer sich dessen aber nicht so sicher ist, wird beispielsweise nur vegetarische Kost zu sich nehmen. Wer einfach alles ißt, darf dann nicht hochmütig auf den anderen herabsehen. Und wer nicht alles ißt, darf den anderen nicht verurteilen... Der eine Mensch macht peinlich genau Unterschiede zwischen bestimmten Tagen, dem anderen sind alle Tage der Woche gleich. Worauf es ankommt: daß jeder handelt aus eigenem, klaren Bewußtsein dessen, was er tut (= Empfinden)."

Der innere Kompaß

Meinem Kompaß, der inneren Richtschnur folgen. Schmerz oder Zorn nicht wegorganisieren oder wegdiskutieren. Meine Entscheidungen prüfen an der Wirkung, die sie in meinem Bauch verursachen; an dem Druck, den sie mir auf die Augen legen; an dem Raum, den sie mir zum Ausatmen lassen; an der Spannung, die sie in meinem Rücken hervorrufen oder auch nicht. Darauf achte ich.
Ich weiß nicht, wohin ich unterwegs bin oder wie es dort aussieht. Ich weiß aber wohl – von meinem Bauch und meiner Haut her – daß ich auf dem richtigen Weg bin. „I do not want to see the distant scene, one step enough for me..." (Newman) Religiös ausgedrückt heißt das „glauben". Ich gehorche den Stimmen Adams, die aus dem Tempel Adams erklingen. Und das bin ich (1. Kor. 3, 16). Diese Stimmen sagen mir wie ich bin und was zu mir gehört. Aber sie reichen weiter als mein persönliches Leben. Es sind gleichzeitig Signale des Kosmos, der darin widerhallt.
Mein Geist ist Mit-Geist. Mein Leben Mit-Leben. Meine Geschichte Mit-Geschichte.

Eine andere Art „Wissen“

Es gibt ein anderes Wissen als das Wissen-vom-sagen-hören oder als das Wissen aus Beweisführungen. Und dieses andere Wissen scheint zuverlässig zu sein, es schenkt nicht nur Einsicht, sondern auch Wärme und inneres Gleichgewicht. Es ist ein Wissen, das durch alle Fasern und durch Herz und Nieren geht als Weisheit-von-Innen. Es führt dich schrittweise von Erlebnis zu Erlebnis. Über einen Weg der Geduld und der Selbstlosigkeit. Und die sich bildenden Begriffe werden ständig bestätigt oder ergänzt oder korrigiert von Erfahrung und Empfinden her. Dieses Wissen richtet sich niemals gegen mich. Ich bin es ja selbst. Es richtet sich allerdings gegen die zerstörenden Lebensformen, die ich als Lebensmuster angenommen habe und mit denen ich mich identifiziere. Aber niemals gegen mich. Gut ist, was mir zu Eigen ist. Was jetzt zu mir gehört. Was ich jetzt, in diesen Verhältnissen wähle aus meinem jetzigen So-Sein.
Das gilt nicht unbedingt für die Dinge, die ich unbedingt haben möchte oder wichtig und nützlich finde. Oder für die Dinge, die ich aufgrund meiner gesellschaftlichen Rolle wähle, oder aufgrund der Idealvorstellungen, die ich zunächst einfach hingenommen hatte, um mir später einzureden, daß die Konsequenzen dieses Sich-Fügens genau das sind, was ich will.
Was gut ist für mich, ist stimmig mit der Weise, wie ich *bin* in dieser Situation und nicht wie ich in dieser Situation sein sollte. Das Gute für mich beinhaltet, daß ich Beziehung zu dieser Situation habe. Ohne mein eigenes Maß und meine Möglichkeiten zu überschreiten oder mir selbst Gewalt anzutun, indem ich mein eigener Sklaventreiber werde. Gut ist also für mich das, wobei ich mich wohl fühle. Nicht nur im Magen oder in meinem Portemonnaie, sondern ganz und gar.
Wenn ich mich irgendwo rundherum wohl fühle, bedeutet das, daß ich mich darauf verlassen darf.
Es ist nicht so, als ob dieses „mich Wohlfühlen“ dann die einzige, absolute, bestimmende Norm wäre. Zu einem Teil kann ich mich auch auf gute Lehrmeister verlassen, auf die Offenbarung von Kulturen, Religionen und Jahreszeiten. Aber ich kann mein inneres Bewußtsein nicht wegfummeln oder negieren, ohne mich selbst wegzuwerfen.

Beten als heilender Abstand und als heilende Nähe

Es liegt etwas Heilendes im Beten. Ich meine vor allem das Beten, bei dem du nicht einmal weißt, daß du betest und daß du erst im Nachhinein in Worte fassen kannst. Du brichst aus dem Strudel der Verwirrungen aus, die dich krank machten und die von Außen her über dich gekommen sind. Du bekommst Abstand zu der bedrohlichen Nähe deines Arbeitgebers, deiner Eltern, deines Mannes oder deiner Frau oder zu den Phantasien, die du über sie hast. Du bekommst Abstand zu der Situation, in der du dich zum Sklaven anderer erniedrigst oder zum Sklaven all der Dinge, die du tun mußt.
Dieses Beten heißt: Bewußt auf dem Platz stehen, auf dem du stehst. Wo du vom Lebensbaum Leben bekommst. Wo Friede ist, den niemand dir nehmen kann. Wo du mit dir selber in Berührung kommst in Ehrfurcht und Liebe.
Damit sind sicher nicht alle Probleme gelöst. Aber es ist ein Ausgangspunkt, von dem aus ein neuer Ansatz möglich ist. Du hast die Initiative wieder selbst in der Hand. Du atmest wieder ganz aus. Atmann nennt es: Die Liebe Gottes, mit der du dich selbst wieder lieben kannst. Du bist wieder dein eigener Bundesgenosse, „Mir ein Stündchen für mich selbst nehmen", nannte Hanneke es, „um wieder selbständig stehen zu können in der Beziehung zu Menschen und Dingen."

Meine Mutter erzählte mir früher einmal, wie sie sich als Kind nicht mit ihrer Mutter und ihrer älteren Schwester vertragen konnte. Manchmal flüchtete sie sich dann in ihr Zimmer, um wieder atmen zu können, wenn sie meinte, an der Atmosphäre ersticken zu müssen. Sie erzählte, wie sie dann immerzu nur vor sich hin murmelte: „Unser Vater, der du bist im Himmel..." bis sie sich gefaßt hatte, sich und ihre eigene Kraft wieder spürte und dann mit erhobenem Haupt wieder die Treppe herunter kam. Manche Therapie ist, denke ich, nur ein Surrogat dafür.

Grundgesetz des Lebens

Diese Ethik könnten wir ebenso gut ein natürliches, innerliches Grundgesetz des Lebens nennen: „Leben strebt nach Selbsterhaltung und nach einer natürlichen Entfaltung seiner selbst in Wechselwirkung zur Umwelt.“ Selbstregulierung nennt man das in der Gestaltphilosophie. Wenn sie nicht all zu starr in der Dressur von Kultur und Ähnlichem stecken, neigen daher lebendige Wesen zu dem, was ihnen gut tut, und wenden sich ab von dem, was sie bedroht oder ihnen schadet. Weil wir diese Zu- und Abneigungen bis in unseren Körper hinein spüren können, wenn wir darauf achten, dürfen wir mit Recht von der „Weisheit des Körpers“ sprechen.

Widerstände in uns selbst, Verteidigungswälle, die wir in uns selbst aufbauen oder aufgebaut haben (beispielsweise: Blinde Flecke, Kältewellen in unserem Blutkreislauf, Schuppen vor den Augen, black-outs, sich schwerhörig stellen, kluge Sätze um unsere Emotionen wegzusabbeln, usw.), müssen also nicht an erster Stelle als etwas Negatives angesehen werden, sondern auch als ein Stückchen „Weisheit“ des Körpers, der die verletzlichsten und wertvollsten Gebiete unseres Lebens zuerst und am kräftigsten verteidigt.

So geht es auch mit dem „flüchten“. Flucht ist – trotz aller strafend erhobener Zeigefinger von Therapeuten, Sozialarbeitern oder Trainern – eine ehrbare und respektable Beschäftigung. Das ist: sich von einem Ort oder einer Situation, in der man sich unwohl fühlt, zu einem Ort begeben, von dem man glaubt, sich dort wohler zu fühlen. Ob das dann hinterher auch wirklich stimmt, ist natürlich eine andere Sache. Aber das muß sich von selbst herausstellen.

Vision

Frühjahr 1961. Schwere Wolken verdunkelten den Himmel. Die Straßen hüllten sich in Staub, die Häuser verkrochen sich unter ihre Dächer. Der Wind schob die Wolkenmassen vor sich her. Jeden Augenblick konnten sie überschwappen und ihre Wasserfluten herab schütten.

Die Menschen flüchteten wie Schemen vorbei. Hastig und durchsichtig. Ohne Abschied zu nehmen.
Ich kaufte eine Fahrkarte: Gent-Löwen. Ein Meilenstein aus Pappe. Der Tag liegt noch neu vor mir: Wasserfälle. Losgerissene Wurzeln. Der Strom, der sich in den Raum wirft in ein Tal, in dem Menschen wohnen. Der Baum hebt seine bleischweren Füße und stapft Schritt für Schritt ins Leben hinein. Ich weiß nicht, ob im Eisenbahnabteil noch mehr Menschen saßen. Vor meinen Augen war alles weggewischt. Hinter dem Fenster versank die Landschaft. In einem großen, nassen Sack. Bäume, Kühe, Häuser, Weiden wurden weggespült. Zuerst die Blätter und das Gezweig; zuerst die Hörner der Tiere und die entleerten Euter und die schwarzweißen Flecken auf ihren ledernen Rücken; zuerst Fenster und Türen; zuerst die Schnäbelchen der Magnolien; zuerst der Stacheldraht und der Löwenzahn. Dann – ein Blitz. Dann das Donnern umkippender Wasserbehälter. Die Sintflut ohne Arche.

Der Zug fuhr unter Wasser weiter. Erst als ich in Löwen aus dem fahrenden Aquarium stieg, überfiel mich das totale Chaos. Löwen war ein Sturzbad ohne Sicht. Ich sollte dort vor einer kleinen Versammlung erscheinen: Ein höherer Vorgesetzter sollte mich mit seinen Beratern auf Herz und Nieren prüfen wegen ketzerischer Auffassungen, die ich angeblich verbreitete. Das wußten sie aus ganz sicherer Quelle: Ein anonymer Brief und die Geschichte einer alten Krähe, die von Eltern eines Studenten gehört hatte, die wiederum gehört hatten, daß ihr Sohn mit Ideen nach Hause kam, die er nur von dem Beschuldigten gehört haben konnte.
Eine klassische Aufführung von sehr ehrenwerten Knaben, die schon Gott und das Vaterland bedroht sehen, wenn jemand es wagt, seine Irrtümer anders zu formulieren als sie... Wachhunde, die sofort gereizt loskläffen, wenn sie unbekannte Geräusche hören...
Ich liebe Hunde und ihre nassen Schnauzen. Aber ein Hund braucht Platz. Er muß im Freien herumrennen dürfen und sich ein Territorium abstecken. Grenzpfähle andeuten mit hochgehobenem Bein. Spielen. Sich paaren. Hund sein dürfen. Was ist ein Hund, der kein Hund sein darf? Was ist ein Windhund in einer Etagenwohnung? Eine Bulldogge im Hundeasyl? Ein Schäferhund an der Kette? Es schadet ihnen nur.

Als Student hatte ich in Gent, Aalst, Löwen, Rom, Campiglioni Tag und Nacht Theologie geschluckt und an der Kette gezerrt, als ob mein Leben davon abhinge. Ich fürchtete, daß ich als Priester für alles alleine die Verantwortung würde tragen müssen, für Fock, Großsegel, Ruder, ausösen und alle wichtigen Entscheidungen. Dort wo ich sein würde, könnten mich theologische Antworten, Umwelt, Strukturen nicht stützen. Ich würde alleine dastehen mit meinem Versuch wahrhaftig zu sein. Geschwätz auch wirklich Geschwätz zu nennen; Wertloses wertlos. Die Einfalt mancher Menschen als Brot und Wein dieses Lebens.
Denn ich war überzeugt: es gab ein Evangelium: Zuversicht; Angst vor dem schwarzen Mann brauchte nicht zu sein. Man konnte sich über ein rechtschaffenes Butter-Brot, das noch kein Funktionär verdorben hatte, wirklich freuen. Für mich gab es noch eine heile Welt, wo das Gras nicht nur nach einer Standardlänge wachsen durfte. Wo Kinder und Kätzchen noch gefahrlos

über die Straße gehen können. Wo mein und dein nicht mehr egoistisch klingen...
Aber gleichzeitig sah ich, wie die Botschafter des Evangeliums die verkrampften Hände über dem Kopf zusammenschlugen. Das hohe Gras Unkraut nannten. Kätzchen ertränkten. Kindern verboten Kinder zu sein. Der Moral und anderen Göttern Menschenopfer brachten.

Sie boten Erlösung an, die nicht erlöst. Organisierten Feiern, bei denen nicht gefeiert wurde. Feste ohne Festlichkeit. Zeichen ohne Inhalt. Sie sprachen über Gott wie über den Arbeitgeber des Präsidenten der Vereinigten Staaten oder den Helfershelfer von Papst und Kurie. Sie nannten sich Träger der Befreiung, aber die Medizin, die sie zu verkaufen suchten, hatte sie selbst nicht geheilt.
Ich wollte Priester werden. Nicht etwa, weil ich einverstanden war mit dem, was man von einem Priester erwartet, sondern fast aus einer Art Protest. Gegen den Humbug? Aber was suchte ich denn dort? Eine Botschaft, die den Menschen noch Botschaft ist? Eine Erlösung, die erlöst? Gott, der von seinem Podest herunterkommt und ohne magische Tricks Mitmensch wird?

So stand ich denn dort in Löwen; mutlos, aber gleichzeitig auf der Hut vor dem „Rat", der seine Fragen auf mich losschoß: Über Transsubstantiation; über das wirkliche Fleisch und Blut Christi nach der Konsekration; über Situationsethik und über andere Dinge, die einen ganz müde und traurig machen, weil du leben willst; weil du sie inständig bitten möchtest, selbst ihre Toten zu begraben; weil du spürst, daß sie dich mit deiner kalten Schnauze und deinem Ungeziefer verachten.
Da stand ich nun. Mit einem mühsamen Lächeln, um den Schmerz nicht zu verraten. Mit übervollem, heißem Herzen. Im Mund zu viele und zu einfache Antworten. Antworten, die ich mir selbst nach und nach eingelöffelt hatte, sie von Jahr zu Jahr vorsichtig dosierend, um nicht mein eigener Feind zu werden. Diese Antworten strömten nun aus mir heraus. Wie ein Sturzbach. Durfte ich mich da noch wundern, daß das zu viel war? Daß sich ihr Adrenalin sprunghaft erhöhte? Daß ihr Selbsterhaltungstrieb sie zwang, alle Türen zu verschließen? Ich gönnte ihnen die Zeit nicht, die ich mir selbst gegönnt hatte. Durch das Fenster sah ich

noch gerade, wie die Sonne sich zaghaft durch die Wolkenmassen hervorgetraut hatte; die Spitzen einer Reihe Pappeln spießte sie auf; sie verfing sich in den spitzen Ästen und versank blutig im Horizont.

Ich besaß ein Häuschen voller kostbarer Ideale. Ich besaß einen Garten mit zerbrechlichen Blumen. Der Donnerstein (Versteinerung, von der man im Altertum meinte, sie fiele bei Gewitter aus der Luft. d. Ü.) war herabgestürzt und meine Welt war zerstört. Ich war gerade erst seit einem Jahr im Beruf, nachdem ich bis zu meinem dreißigsten Jahr auf Schul- und Horsaalbänken mir die Hosen und Talare verschlissen hatte. In Löwen war kein Gespräch zustande gekommen. Es war nur ein Verhör. Und Vorwürfe. Und verlorene Hoffnung, daß es auf eingefahrenen Wegen noch möglich sein könnte das zu tun, was ich als Treue zu mir selbst und zu diesem unserem Planeten ansah. Am nächsten Tag schlich der Zug wie ein verschlossener Kasten durch die Landschaft. Die Sonne schien. Aber es lag mir wie Wachs auf den Lidern. Alle Menschen schienen zu anderen Planeten ausgewandert zu sein. Die Arche war ohne mich abgefahren und das

Wasser stand mir bis an den Hals. Vielleicht hätte ich weinen sollen. Aber ein Priester weint nicht. Die Tränen verquellen ihm den Kopf bis alles nach Innen aufbricht. Er darf nur schwelgen.
Und dann geschah das Wunder. Auf einmal war mir, als ob die Wachsschicht von meinen Augenlidern wegschmolz. Plötzlich erkannte ich meine Hände. Zwei Freunde, die mir keinen Moment untreu gewesen waren und alles miterlebt hatten in ehrfürchtigem Schweigen. Sie lagen da ganz einfach auf meinen Knien. Hingezeichnet von jemandem, der sich aufs Zeichnen versteht... Und dann geschah das Wunder. Plötzlich saß da eine alte Frau in meinem Abteil. Eine alte Frau mit einem Spitz, einem kleinen siebenjährigen Jungen und mit einer Tasche. Der Spitz wedelte mir mit seinem Schwänzchen zu, und der kleine Knirps versuchte, mich auf sich aufmerksam zu machen durch verständnisinnige Blicke.
Da geschah das Wunder. Der Kasten war nicht ganz verschlossen. Es gab ein himmelbreites Fenster darin. Ein Blick nach außen. Die Sonne saß auf einer Häuserreihe. Weißglänzend ohne eine einzige Wunde. Und sie lief auf den reingewaschenen Dächern mit dem Zug mit. Und dann über die Felder. Mit hurtigen Sprüngen über Gräben und Stacheldrahtzäune. Sie tauchte unter Hochspannungsdrähte, sie ging über Sträucher und über die kleinen Bäumchen am Horizont mit den Armen winkend hinter mir her.

Dann geschah das Wunder. Denn die Kühe standen noch immer auf den Weiden. Rote, braune, schwarz-weiß-gefleckte Kontemplative mit vier Beinen auf dem Boden. Sie hatten noch ihre vollen Euter. Und jedes Euter bedeutet vier göttliche Tugenden. Ihr Dudelsack hing ganz einfach von oben herunter, mit Zitzen am Ende voller Gnade und Wahrheit, vier weiß-rosa Beweise, daß die Welt nicht untergegangen war...
So geschah das Wunder. Sogar ein Syllogismus mit Reißverschluß hat mir niemals so viel Gewißheit geben können wie die verrückte Sonne, die mir nachrannte; wie die heiligen Kühe in Grüppchen von drei, fünf und sieben, die wie Meilensteine alle paar hundert Meter auftauchten, in vollem Ornat aus reinem Leder und mit reicher Ladung, die Himmel und Erde nachwies. Es gibt noch unverfälschte Milch. Das Leben wird nicht getötet durch das, was nicht lebt.

Kleine Priesterschaft

Ob es nun ein ewiges Leben gibt oder nicht: Menschen werden geboren und betrogen. Sie wachsen heran bis sie daran zugrunde gehen und umfallen. Sie werden in den verschiedensten Fertigkeiten unterrichtet, bis sie ganz ohne eigene Initiative sind. Sie sterben an sich selbst und aneinander, ohne je sie selbst oder mit jemandem zusammen gewesen zu sein.
Weil ich ganz sicher weiß, daß es auch anders sein kann, will ich mich mit diesen Dingen beschäftigen. Ist das Naivität? Oder eine Art kleiner Priesterschaft auf dem Boden? Ich möchte gesunde Saat verkaufen, die Menschen in ihrem eigenen Garten säen können, ohne daß ich mich darum kümmere, ob sie damit etwas anfangen oder auch nicht.

Spontane Hierarchie der Bedürfnisse

Diese Selbstregulierung, diese Ethik der Bedürfnisse des lebendigen Organismus, trägt in sich auch eine zuverlässige und spontane Hierarchie, so daß jedes Mal nur ein einziges Bedürfnis in den Vordergrund tritt und sich Geltung verschafft. Der Rest muß warten. Sonst würden wir verwirrt werden von so viel verschiedenen Dingen, die alle gut für uns sind.

„Das Leben wird schon selbst die Auswahl treffen" (Anna)

Cuernavaca, April '77

Ich sitze hier in der Calle Juarez und schlürfe eine Tasse Kaffee. In einem „Comedor Familiar" (= kochen wie bei Muttern). Ein Junge kommt herein und erzählt den Müttern am Herd begeistert, wie er all seine Hühner verkauft hat und jetzt mit 500 Pesos in der Tasche herumläuft.
Und dann erzählt er es noch einmal mir und den anderen Gästen. Und noch einmal. Mit allen Einzelheiten. Und noch einmal. Viermal. Er lacht mit dem ganzen Körper. Er macht Tanzschritte. Bewegt sich in der Hocke unter kreischendem Gackern herum, um all die Hühner noch einmal auftreten zu lassen, und stößt hin und wieder einen Hahnenschrei aus.
Dann stellt er das Radio an und setzt sich still auf eine Lattenkiste. Er versucht, ein furchtbar trauriges Liedchen mitzusingen. Aber es ist zu hoch für seine Stimme, sie überschlägt sich immerzu. Vor allem bei der Passage „mi pobre corazón". Es hört sich mehr an wie ein Schluchzen als wie Gesang...
Als das Lied zu Ende ist, stellt er das Radio wieder ab und setzt sich. Er sagt kein Wort mehr. Schaut nur vor sich hin. Eine halbe Stunde lang. Dann steht er auf. Geht zur Theke. Bezahlt den Mütterchen den Kaffee, den er zwischendurch getrunken hat. Distanziert grüßt er alle. Als ob er ein Fremder wäre. Er schreitet hinaus wie ein Fürst.

Unmittelbare Ethik zum sofortigen Gebrauch

Dieser Hierarchie kann ich mich nicht widersetzen, ohne mir selbst Gewalt anzutun und eine Menge Energie zu vergeuden. Schritt für Schritt kann ich mir über „Bewußtwerdung" darüber klar werden, was hier und jetzt gut für mich ist. Auf diese Weise habe ich ständig eine unmittelbare Ethik zur Hand, die mich von einem Augenblick zum nächsten führen kann und ein hohes Maß an Zuverlässigkeit hat. Es ist eine Ethik, die mir nicht aufgedrängt wird. Ich bin sie selbst. Ich bin zum Beispiel Linkshänder und also zur Hälfte kein Arbeitstier. Diese Tatsachen sind deutlicher und stärker, als wenn jemand mir sagte, was ich zu tun habe. Voraussetzung ist nur, daß ich in diesem Augenblick Augen und Ohren für mich selbst habe. Für das, was in mir und um mich her geschieht.

„Als ich noch klein war", sagte Julie-Anne (sie ist jetzt acht) „verstand ich nicht, warum manche Menschen linkshändig sind und manche rechtshändig. Hanneke links, du rechts, ich rechts, Nana links, Stephan rechts, usw. Wie kommt das nur?" fragte ich mich immerzu. „Ich habe darüber nachgedacht. Eigentlich ist es ganz einfach."
„Wie denn?"
„Na ja, sie werden das natürlich nicht alle zugeben, aber die Menschen sind mindestens zur Hälfte faul. Der eine auf der einen Seite und der andere auf der anderen Seite. Und manchmal sogar auf beiden Seiten."

Im Licht der Krise

Diese Hierarchie der Bedürfnisse (oder: konkrete Wertskala) zeigt sich in Notsituationen am deutlichsten. Wenn ich einen spannenden Krimi lese, und mein brennender Zigarrenstumpen fällt mir aus dem Mund, nestelt sich glühend zwischen meine Beine, dann lese ich nicht erst den Krimi aus, bevor ich etwas dagegen tue. In Notsituationen stellt sich das wichtigste

„Gute“ an die erste Stelle, und wir geben uns dem ganz und gar hin, ohne Vorbehalte. In Notsituationen leben wir auch meistens intensiver, wir stehen mehr zu dem, was wir tun und wissen auf einmal klarer, was uns entspricht. In der Not wird man sich selbst zum Freund.

30. 5. ’78

„Ich stecke in einer entscheidenden Krise. Es geht mir gut, dessen bin ich sicher. Und... ich fürchte mich schrecklich vor den Konsequenzen neuer Schritte, die sich unentrinnbar von innen her anmelden.
Ich kann nicht mehr zurück. Dafür bin ich zu ehrlich mit mir selbst. Aber ich wage auch kaum vorwärts zu gehen. Denn „Vorwärts“ bedeutet, daß mir die spärlichen Sicherheiten, die ich noch hatte, auch abgenommen werden. Ist das „leben“?
Ich weiß den Unterschied zwischen meiner Furcht und meinem Frieden nicht mehr. Zwischen meinem Schmerz und meiner Freude. Sie fließen ineinander. Sie werden mir in einem Guß eingeschenkt.“

Unterdrückung und Selbstregulierung

Allerdings ist es häufig nützlich und notwendig, diese spontane Selbstregulierung zu unterdrücken und vorgegebenen Regeln zu gehorchen: Im Verkehr zum Beispiel oder um ein Diplom zu bekommen, usw. Aber so wie unser Zusammenleben sich abspielt, nehmen diese notwendigen Unterdrückungen manchmal den größten Raum ein.
Diese Unterdrückungen fangen dann an, an unserer Energie und Lebensfreude zu zehren und sorgen dafür, daß wir die meiste Zeit mit uns selbst in Feindschaft leben. In Unordnung und Unklarheit. Ein beschleunigter Verschleißprozeß.

Selbstregulierung und die Frustration des Weges

Manchmal können auch unüberwindliche Situationen unseren Bedürfnissen entgegenlaufen und gewaltige Frustrationen hervorrufen. Schmerz. Krankheit. Das Sterben eines Freundes. Arbeitslosigkeit ... Auch dann verläßt uns unser selbstregulierender Organismus nicht, sondern drängt uns, in der gestörten Ordnung ein neues Gleichgewicht zu finden. Indem Ströme der Energie durch uns hindurchfließen: Ein Strom des Kummers, oder der Wut, oder der trotzigen Handlungen ... Willst du aber diese heilenden Selbstregulierungen unterdrücken, dann bist du überhaupt nirgendwo mehr.

Du entkommst dem nicht. Du wirst Verwundungen und Niederlagen davontragen. Auch wenn du gesund wirst, bleiben dir Narben. Deine Haut vertrocknet und wird faltig. Du bekommst Krähenfüße um die Augen. Du wirst grau oder kahl. Du hast deine Schmerzen und deine Bitterkeit. Deinen Bankrott. Deinen hochgeschraubten Trotz. Deine ängstliche Machtentfaltung. Du stehst häßlich da. Du kannst anfangen, darüber zu meditieren. Jammern und dich wälzen in ungerecht erlittenem Leid. Das Schicksal und dich selbst und andere beschuldigen. Dich selbst noch mehr verschrumpeln lassen.
Du kannst auch tanzen. Mitten im Wohnzimmer.
Ganz und gar tanzen. Am besten nackend. Dich selbst fühlen und das Herz schlagen hören. Fühlen, wie das Blut durch dich hindurchströmt. Alles was du hast in einen Rhythmus zusammensingen. So daß der Bauch sich mit deinen Füßen anfreundet. Deine Pobacken mit den Augen. Die Schultern mit den Kinnladen. Dann bist du schön.

Ernst gegen Erstaunen

Wenn ich ernsthaft und gewichtig mit etwas beschäftigt bin, dann stelle ich fest, daß meine beiden Stirnhälften, rechts und links, sich auf einander schieben, so daß das Guckloch meines dritten Auges zugekniffen wird. Das Vermögen, die Realität um mich her wahrzunehmen, sinkt dann erschreckend. Der Fokus verschwindet mir aus den Augen. Die Schädeldecke drückt mir aufs

Gehirn. Ich atme nicht mehr richtig aus. Meine Nasenlöcher scheinen von innen verstopft. Sobald ich die Stirn runzele, stellen sich Abstumpfung und Bewußtseinstrübung ein. Sollte daher der Ausdruck „tödlicher Ernst“ kommen?
Ich fühle mich im Erstaunen wohler. Das scheint mir der Gegenpol zum tödlichen Ernst zu sein. Es ist eine Mischung von Ehrfurcht, Fröhlichkeit und Heiterkeit. Ich fühle, wie sich meine Augen dabei öffnen und funkeln. Meine Stirn dehnt sich von unten nach oben. Die Nase ist frei. Die Nasenflügel beben, als ob sie die Spur eines Wildes verfolgten. Ich atme erst dann wieder ein, wenn alle Luft aus den letzten Winkeln ausgeatmet ist.
Wenn ich spreche, merkt man, daß die Sätze ruhig fließen. Es ist Farbe in der Stimme. Neue Gesichtspunkte tauchen auf. Die Welt um mich her weitet sich. Ich sehe mehr Möglichkeiten. Ich sehe Lichtpunkte, wo eben noch alles dunkel schien. Mit einem Bocksprung entkomme ich dem Zirkelschluß. Lösungen bieten sich an, solange ich selbst erstaunt bestätige, was geschieht. Solange ich der verrückte Prophet bin, der verkündet, was gerade vor seinen Augen passiert.
Erleichterung. Die Weisheit des Narren. Ich glaube wieder an den Klapperstorch und gleichzeitig an die Schützer ungeborenen Lebens. Meinetwegen kann der Weihnachtsmann seinen Geburtstag feiern oder mal auf den Topf müssen – dadurch verliert er trotzdem nichts von seiner Würde. Ich lache über mich selbst, geborgen in einem Gefühl der Wärme.

Plötzlich kommt mir die theologische Erkenntnis; wenn alle Bischöfe der Römisch-Katholischen-Kirche sich auf den Kopf stellen würden (was mit der Mitra als Kopfbedeckung eine schwierige Aufgabe wäre), das nichts an der Tatsache ändern würde, ob Jesus Christus tatsächlich von den Toten auferstanden ist oder nicht!

Mir wird auch auf einmal klar, daß die Menschen, die die R. K. K. niederreißen möchten, ihre Angriffe gegen Enzykliken richten; oder gegen einen Papst, der jünger werden sollte, während sonst jeder älter wird; oder gegen den Osservatore Romano, die Zeitung des Vatikans. Während sie nichts einzuwenden haben gegen die Qualität des Trappistenbiers oder des Benediktiners oder der unverfälschten Gregorianik, um nur einige von all den Gnadengaben zu nennen, die diese menschlichste aller Weltinstitutionen uns beschert hat…

Mir ist nichts mehr vertraut.
Das Brot nicht.
Es ist jeden Tag neu.
Mir ist nichts mehr vertraut.
Nicht die Maserung des Holzes.
Ich taumele in den Grotten ihrer Geschichten.

Leben

Manchmal tauchte diese innere Weisheit an völlig unerwarteten Momenten oder Orten auf. Blitzartig. Und wurde bestimmend für sein weiteres Leben.
Brügge 1951. März. Er war einundzwanzig und ein Mensch, der sich ständig fragte, was denn nun der Sinn des Lebens sei. Er ging im ersten Stock über den Flur und war halbwegs zwischen der Toilettentür und der Etagentür nach unten. Da meldete sich „das Leben". Aus seinem Inneren. Wie ein warmer Blutstrom aus einer geöffneten Ader. Es wischte seine alten Grübeleien weg durch seine Anwesenheit und Selbstverständlichkeit. Als Vorwurf gegen die tote Art und Weise, wie er denkerisch damit beschäftigt war, das Leben zu sezieren, so wie ein pathologischer Anatom Leichen zerstückelt.
Er hörte sich zu sich selbst sagen – vorwurfsvoll und glücklich zugleich –: Leben ist leben. Und das letzte Wort dieses kleinen Satzes ist ein Verb, das beinhaltet: fließen des Blutes, schlagen des Herzens, froh oder traurig sein, Essen kochen und beten, leiden und kämpfen, den Fuß verstauchen und denken, sich den Hintern verbrennen und auf den Blasen sitzen, laufen, schlafen, vögeln, still sein, schreien…
Und ich bin sicher, daß dieser eine kleine Satz mitspielt bei allen wesentlichen Entscheidungen, die ich fasse. Ich höre ihn mitklingen in allem, was ich schreibe oder tue.

Ethik und Zwischenwelt

Drei Welten

Wir leben gleichzeitig in drei Welten. Sie ergänzen sich zu einer Einheit. Zusammen schaffen sie die Möglichkeit, mit uns selbst und mit der Umwelt Kontakt zu halten.

Meine INNENWELT (die Realität, die sich IN mir verwirklicht) umfaßt mein Wahrnehmen und Erfahren, Fühlen und Denken als Einheit.

Meine AUSSENWELT (die verwirklichte Realität *außerhalb* meines Ichs) ist meine Umwelt: mein Partner und meine Wohnung, meine Situation, die Ergebnisse meiner Arbeit...
Innen und *Außen* gleichzeitig, ist das was ich tue oder sage... Innen und Außen sind getrennt voneinander nicht denkbar, sie beeinflussen sich wechselweise. Durch Handlung und Sprache. Durch Erziehung und Kultur. Durch Liebe und Protest.

Meine ZWISCHENWELT (die nicht-verwirklichte Phantasiewelt) ist die Welt meiner Ideale, Bilder, Ideologien, Normen, Träume, Pläne, Hypothesen, Theorien. Der Nährboden für das Neue. Kreativität. Inspiration. Aber zugleich auch die Brutstätte geistiger Nebelbänke, von Ängsten, Grübeleien, Depressionen, verschlungenen-Pfaden-ins-Blaue-hinein.

Woher holst du dir deine Ethik (= *die Richtlinen für dein Handeln)*? Hauptsächlich aus der „Zwischenwelt"? Oder vor allem aus deiner „Innenwelt in Verbindung mit der Außenwelt"?

Es kann passieren, daß wir in einer der drei Welten stecken bleiben, so daß eine dieser Welten beginnt, ein abgesondertes Leben zu führen und nicht mehr an den beiden anderen überprüft wird. Dieses Gehen im Alleingang verursacht Entfremdung und dadurch können seltsame Dinge geschehen.

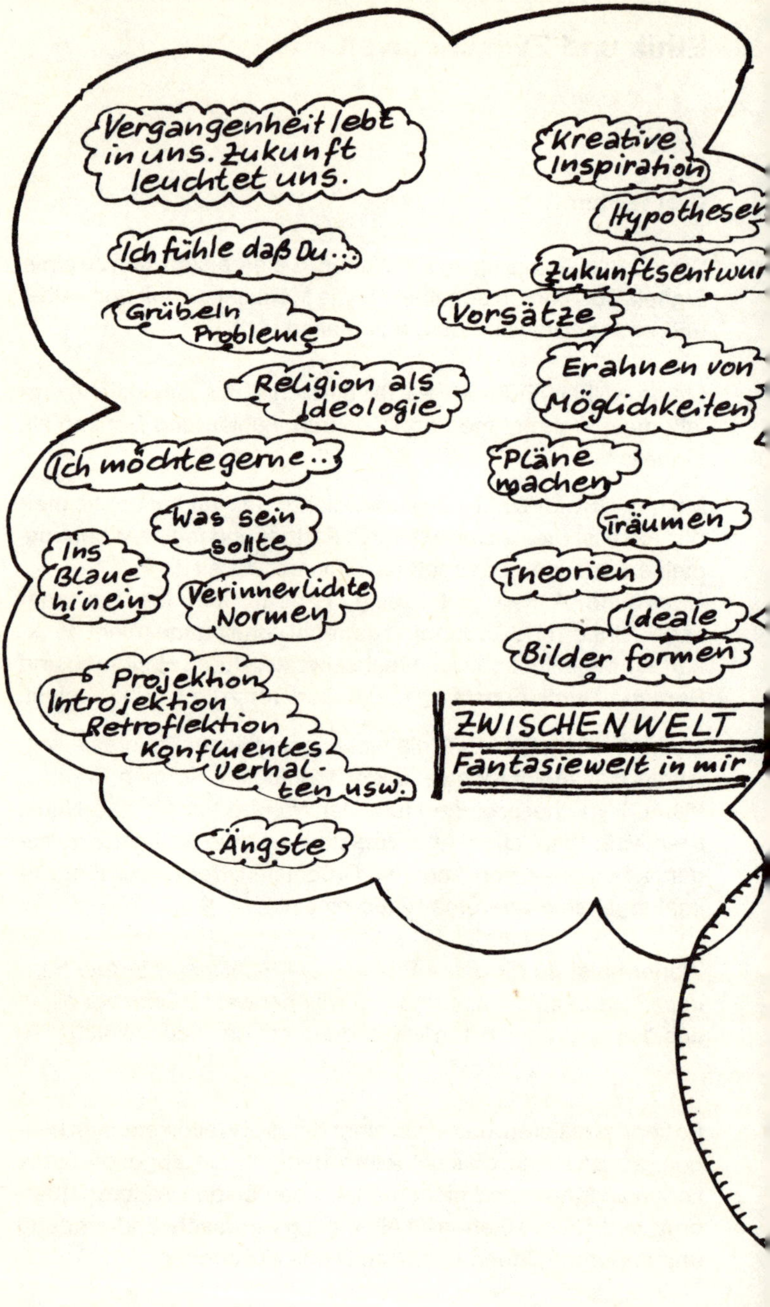

Vergangenheit lebt in uns. Zukunft leuchtet uns.
Ich fühle daß Du...
Grübeln Probleme
Religion als Ideologie
Ich möchte gerne...
Was sein sollte
Ins Blaue hinein
Verinnerlichte Normen
Projektion Introjektion Retroflektion Konfluentes Verhalten usw.
Ängste
Kreative Inspiration
Hypothesen
Zukunftsentwur
Vorsätze
Erahnen von Möglichkeiten
Pläne machen
Träumen
Theorien
Ideale
Bilder formen
ZWISCHENWELT
Fantasiewelt in mir

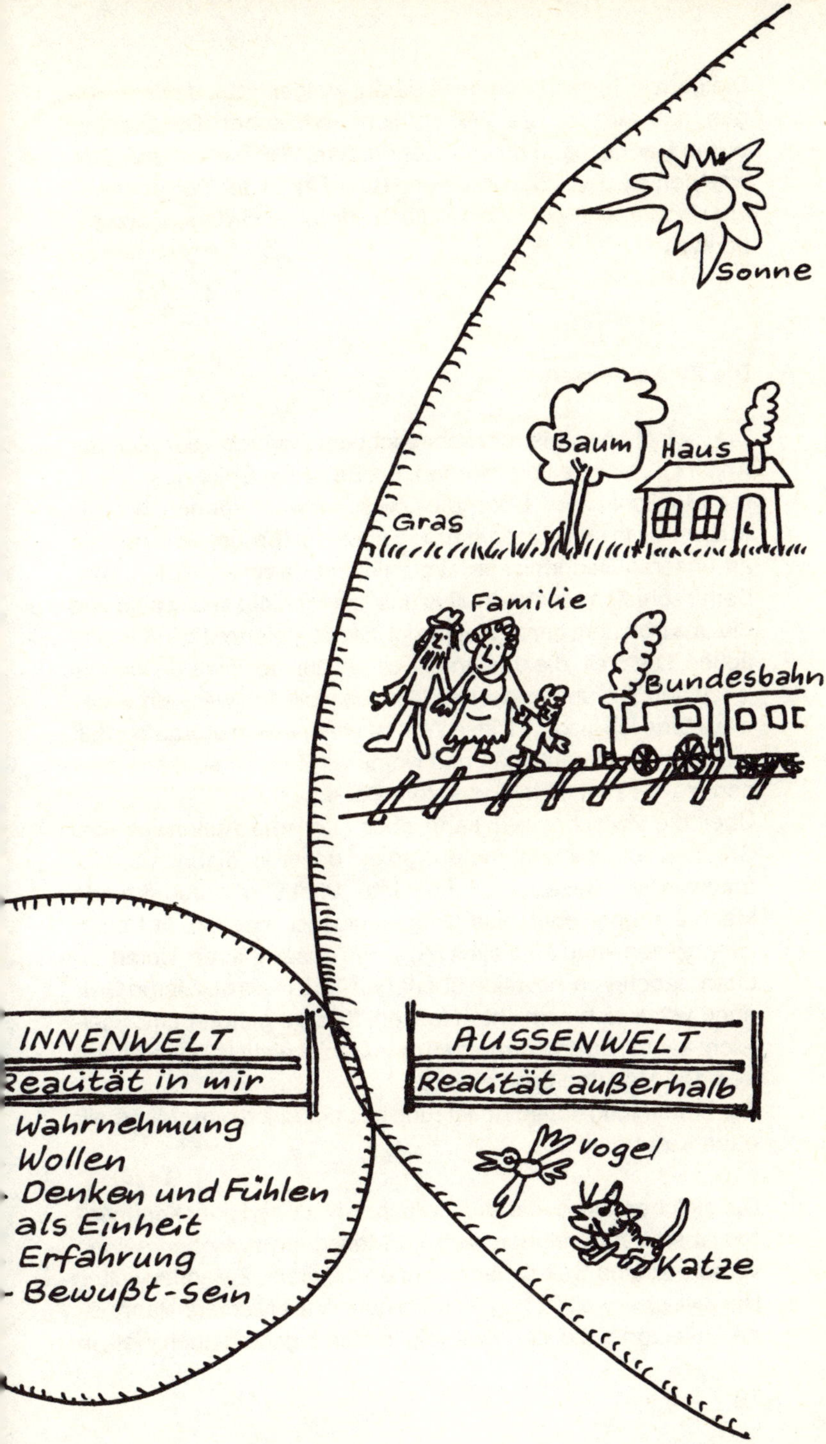

Sonne
Baum
Haus
Gras
Familie
Bundesbahn
INNENWELT
Realität in mir
Wahrnehmung
Wollen
Denken und Fühlen
als Einheit
Erfahrung
Bewußt-Sein
AUSSENWELT
Realität außerhalb
Vogel
Katze

Die ganze Gestalttherapie ist darauf ausgerichtet dafür zu sorgen, daß sich die drei Welten nicht vermischen. Die Grenzen sollen klar gezogen sein zwischen dem, was hier ist und dem, was dort ist. Zwischen mein und dein. Nur in der Zwischenwelt verwischen sich wohl einmal die Grenzlinien von Innen- und Außenwelt.

Die Zwischenwelt

Die Zwischenwelt ist ein sehr wichtiger Bereich. Hier liegt der Ansatz für unsere Lebenschancen. Es ist die Spielwiese unserer Möglichkeiten. Über die Zwischenwelt können wir die Außenwelt in uns aufnehmen, um sie zu testen, um sie zu prüfen an unseren Bedürfnissen, um spielend daran zu lernen, usw. Damit schaffen wir eine Welt in uns, die wir nicht selbst sind und die uns trotzdem ganz zu eigen ist. Sie ist gleichzeitig innen und außen. Die Welt, die uns entscheiden läßt: Jetzt werde ich mal losziehen; die uns wünschen läßt: Ich wollt' ich wäre ein Vogel, wie würde ich fliegen! Diese Welt ist alles, was in uns aufbrodelt an Ideen und Phantasien und womit wir Zukunft schaffen können, es sei zum Guten oder zum Bösen.
Über die Zwischenwelt kann aber auch die Außenwelt ihre Grenzen verschieben und uns so auf unserem eigenen Gebiet unterwerfen. Besetzung und Unterdrückung durch fremde Mächte – aber auch das Umgekehrte ist möglich. In Besatzungszeiten kann man alles Mögliche ausprobieren: Untertauchen, sabotieren, heimlich überleben, so tun als ob alles in Ordnung wäre, sich vernichten lassen, fügsam gehorchen ... Vielleicht kannst du erreichen, daß dein Gebiet nicht vollständig von fremden Mächten besetzt wird.
Zur Ermutigung: totale Besetzung ist unmöglich ohne Mitarbeit, ohne Kollaboration.

Die gleichen Dinge, die sich zwischen Nationen oder Kontinenten abspielen, ereignen sich im Menschen zwischen seinen verschiedenen Seinsebenen: Innen-, Außen-, Zwischenwelt.
Die Zwischenwelt ist zugleich ein nützliches Niemandsland. Eine Pufferzone. Sie ist notwendig in dieser gefährlichen Welt, in

der wir sowohl von der Innenwelt, als auch von der Außenwelt her, bedroht werden können.
Von dieser Zwischenwelt her kann ich Mutmaßungen anstellen und spekulieren. Über die Umwelt spekulieren (oder mich identifizieren mit der Idealvorstellung dessen, was ich sein möchte und doch nicht bin). Ich kann Prognosen aufstellen. Abschätzen. Ich kann die Nase eingebildet in die Luft stecken und mit dem Anderen oder mit Situationen ein Spielchen wagen ohne gleich ein Risiko einzugehen. Eine Art Seitensprung, dessen Konsequenzen ich nicht zu tragen brauche. Ein sicherer Aufschub von Beziehungen.
Aber es bleibt die Zwischenwelt. An diesem Ort weiß ich nicht, wie ich selber bin und wie die Welt der anderen ist. Hier werde ich das auch niemals erfahren. Die Zwischenwelt kann zur Brücke werden zwischen mir und dem Anderen, zwischen der Realität in mir und der Realität außerhalb meines Ichs. Aber wenn ich darin stecken bleibe, dann bleibe ich in einem Schwebezustand zwischen hier und dort. In Möglichkeiten. Im Aufschub. Im Nirgendwo.
Allerdings ist solch ein Trip in die Zwischenwelt nicht zu verachten. Wie ein Rausch nicht zu verachten ist. So wie man nichts einwenden kann gegen Monologe im Dialog mit eingebildeten Personen, die man sich je nach Bedürfnis selber schafft.
Aber wenn du so tust, als ob dieser Trip wirklich Kontakt mit der Realität gewesen wäre, dann bist du ein Mensch, der so tut, als sei der Trip eine Beziehung zur Wirklichkeit. Du betrügst dich selbst; du hältst Phantasie für Gefühl und Bewußtwerdung.
Wenn die Zwischenwelt – die eine verbindende Funktion zwischen Innen und Außen hat – anfängt ein Eigenleben zu führen, dann findet man nicht mehr heraus. Die kreative Zone wird dann zu einer Fabrik der Ängste, Spannungen, blinden Flecken, verworrenen sogenannten Gefühlen, von denen du nicht sagen kannst, wie sie sich anfühlen und wo du sie fühlst, usw. Kurz: Du hast 'ne Macke...
Du behauptest beispielsweise schlichtweg, daß du die Gefühle, von denen du meinst, sie haben zu müssen (= *Zwischenwelt*), auch wirklich hast (= *Innenwelt*) mit dem Erfolg, daß du nicht mehr weißt, was du fühlst.
Oder du bildest dir ein, daß deine Vorstellungen von Margret auch der wirklichen Margret entsprechen. Wir können nur hof-

fen, daß Margret darüber nicht all zu gekränkt ist und sich nicht von vornherein davon beeinflussen läßt, sonst müßte sie eine ganze Menge Lebensfreude entbehren, wogegen es keine Versicherung gibt.
Oder du „siehst“ zum Beipiel, daß jemand dich nicht mag (während der Jemand vielleicht nur Zahnschmerzen hat, was mit dir nichts zu tun hat), und weil du so klar „siehst“, fragst du gar nicht nach.
Oder... du weißt schon im Voraus, daß alles verkehrt laufen wird und so weiter.

Ich sehe, daß jemand zu mir spricht. Aber seine Augen blicken ins Leere. Als ob ich nicht da wäre. Er sieht mich nicht. In Wirklichkeit spricht er zu einem Bild, das er sich von mir gemacht hat und dem gegenüber er jetzt klagt oder jammert oder aufgeregt seine Rede abspult. Er sieht mich nicht. Er spricht zu einem selbstfabrizierten Stellvertreter. Was ich auch antworten würde – es hat keinen Sinn. Er ist nur mit seinen eigenen Projektionen auf mich beschäftigt. Jetzt zu sagen, was ich denke oder fühle würde ihn nur stören. Denn nur er kann wissen, wie dieser Stellvertreter denkt oder fühlt, dieses sein Geschöpf. Wenn ich mich geschmeichelt fühle über die lobenden Worte, die für den Stellvertreter gemeint sind, dann spiele ich mir selber einen Streich. Wenn ich mich verteidige, weil ich mich angegriffen fühle, dann falle ich einer Finte zum Opfer und spiele in dem Kunststückchen mit, um es echter erscheinen zu lassen.

Du „siehst“ zum Beispiel, wie der andere deine Figur verächtlich abtaxiert. Wenn du deine Augen fragen würdest, dann würden die dir schon erzählen, daß das etwas ist, was man nicht sehen kann, sondern was man sich höchstens selber vormacht. Legst du ein abschätziges Urteil in die Welt um dich her, um dich selbst abschätzig beurteilen zu können? So siehst du die Außenwelt nicht richtig. Sie ist dann nur ein Bildschirm, auf den du dich selbst mißbilligend projizierst, um dich in diesem Licht sehen zu können. Nicht umsonst verschwindet dann der klare Blick aus deinen Augen. Du konzentrierst dich ja auf etwas, was nicht zu sehen ist. Dadurch wird dein Vorstellungsvermögen völlig auf den Bildschirm fixiert.

Wer in der Zwischenwelt stecken bleiben möchte, darf sie auf keinen Fall an konkreten Erfahrungen nachprüfen oder versuchen nachzugehen, ob alles was er zu sehen meint, auch wirklich so ist. Prüfe nicht nach. Fühle nicht nach,was du fühlst. Nenne deine Gedankengänge und Phantasien dein Gefühl. Frage den Anderen nicht, ob es stimmt, was du von ihm/ihr denkst. Mit solchen Manövern kannst du deine Vorstellungswelt beschützen gegen die entnüchternde Wirklichkeit.

Du kannst Vermutungen anstellen darüber, wie es um deinen Partner bestellt ist und dann auf dieser Basis dich weiterhin verhalten. Du kannst damit richtig liegen. Vielleicht bist du gar ein Mensch – was Gott verhüten möge – der immer spürt, was gerade mit dem anderen los ist. Aber, wenn du eine wirkliche Beziehung zu ihm bekommen möchtest, dann wirst du dich nicht länger mehr auf deine eigene Zwischenwelt verlassen dürfen. Dann wirst du sie oder ihn ansprechen müssen, damit sie oder er selbst sagen kann, wie er/sie ist und wie ihm/ihr zumute ist.

„Du siehst so traurig aus. Deine Augen sind rot und voller Tränen. Hast du Kummer?“
„Nein. Ich komme aus der Küche und habe gerade Zwiebeln geschnitten.“

Einfühlungsvermögen ist eine Fähigkeit, die wir entwickeln können. Eine edle Kunst. Die Kunst des Blindschießens. Aber selbst, wenn jemand Weltmeister im Blindschießen wird, so schießt er halt doch blind. Dieses Sensibel-sein in einer Beziehung dann als Machtinstrument einsetzen ist Diebstahl. Und auch der geschickteste Dieb ist noch kein ehrlicher Mensch. Denn die Erfahrungen des Anderen gehören nämlich ihm. Alle Urheberrechte sind dem Urheber vorbehalten. Wenn wir – selbst von der treffendsten Vermutung ausgehend – behaupten, wie der andere ist und damit genau ins Schwarze treffen,

dann verhalten wir uns, als gehörte uns dieses unverfälschte Urheberrecht des Anderen über sich selbst.
Die Zwischenwelt wird zusätzlich noch bevölkert von Pastoren, Erziehern, geistlichen Führern, Idolen, Idealen, Ideologien, Ratschlägen und Gespenstern. Normen und zwanghafte Lebensmuster, die ursprünglich aus der Außenwelt kamen, die du aber geschluckt hast und die nun als Fremdkörper bei dir hausen. In deiner Einbildung wirst du dich möglicherweise damit identifizieren, so daß du schließlich selber glaubst, daß das, was sie wollen auch das ist, was du selber willst. Auf diese Weise kannst du dir selber ständig tadelnd oder lobend oder moralisierend zureden. Wenn du das intensiv machst, weißt du nicht mehr, wer du bist oder was du willst. Vordergründig scheint es so zu sein, daß du diesen Normen entsprechen möchtest. Als ob das dein Wille *(Innenwelt)* wäre. Aber tatsächlich sind es fremde Mächte aus der Zwischenwelt, mit denen du dir selbst *(Innenwelt)* und den Anderen *(Außenwelt)* zusetzt.
Dagegen bedeutet wollen *(Innenwelt)*, daß du selbst die Normen stellst nach Maßgaben, die zur Hauptsache von dir selber ausgehen.
Es kann natürlich sein, daß das was du willst, sich deckt mit den Forderungen, die Autoritäten und Instanzen der Außenwelt an dich stellen. Es ist möglich, daß du ganz hinter Werten stehst, die anderenorts formuliert worden sind. Es könnte aber auch sein, daß das nicht zutrifft. Aber das Wollen setzt eine Wahl voraus, bei der du dich wohlfühlst.

Außerdem begegnet man der Zwischenwelt chemisch rein in sogenannten wissenschaftlichen Zeitschriften und Büchern, die die richtige Ausdrucksform gefunden haben, um wichtige Dinge auf langweilige und einschläfernde Art darzustellen, während sie gleichzeitig hinterlistig bei dem Leser den Eindruck erwecken, daß er, wenn ihm dabei langweilig und schläfrig wird, eine langweilige und minderwertige Null ist.

Trotz allem bleibt die Zwischenwelt die Zentrale, in der Energien aus der Innenwelt und aus der Außenwelt aneinander gekoppelt werden. Das Verbindungsstück zwischen Mensch und Umwelt. Zwischen Heute, Zukunft und Vergangenheit.
Die Möglichkeiten, die in der Zwischenwelt liegen, zutage zu fördern – das heißt, mit der inneren Erlebniswelt *(Innenwelt)* zu verbinden und zu äußern *(Außenwelt)*, ist ein Prozeß der Integration und Kreativität. Ein Prozeß, mit dem sich Kinder den lieben langen Tag spielend beschäftigen.
Manchmal mischen bei diesem natürlichen Vorgang auch Fachleute mit, wie in Kreativ-Spiel-Gruppen oder in der kreativen Therapie. Sie fungieren dann als Geburtshelfer und Hebammen, die dabei helfen, verschiedene Möglichkeiten (= die *Zwischenwelt*) zur Welt (= *Innen- + Außenwelt*) zu bringen.

Teil II

Die Ethik der Beziehung

1. Alleinsein

Um fünf Uhr gegen Abend, am 1. April 1977, verabschiedete ich mich von Hanneke und Juli-Anne und rannte dann fort zur Abflughalle im Flughafen.
Ich bin kein Held im Abschied nehmen. Um sechs Uhr startete das Flugzeug. Genau um die gleiche Zeit landeten wir in Kanada auf dem futuristischen Flughafen Mirabel, denn wir flogen mit der Sonne. Einige Stunden später flogen wir über Texas nach Mexiko. Mein Körper ist hier, aber meine Seele ist nicht in den Jet gestiegen. Sie nimmt sich Zeit und sabotiert grandios die Überschallgeschwindigkeit. Meine Reserveseele (mein Ich als Arbeitstier) habe ich zu Hause gelassen. So sitze ich jetzt ganz ohne Seele da. Das ist kaum auszuhalten. Ich möchte weinen, aber ich habe nicht den Mut, irgendwo meine Tränen hintropfen zu lassen. Ich habe keinen Ort. Wie ertragen manche Menschen es, alleine zu sein? Jetzt, wo ich alleine bin, werde ich mich mit mir selbst verabreden müssen. Ein System hineinbringen. Zeiten zum essen, schlafen und schreiben. Ich brauche etwas, woran ich mich klammern kann in der Leere, in die ich hineintaumele seitdem meine Arbeit, mein Zuhause, mein programmiertes Leben weit weg sind. Essen, schlafen, schlendern, lauschen, schauen. Mir die Zeit nehmen zu erkennen, was sich in mir und um mich herum abspielt. Ich habe mir hier in Mexico City ein Zimmer für siebzig Pesos genommen. Es liegt neben der Hühnerschlachterei „Sankt-Augustin". „Tröste dich," sagte Hanneke als ich abfuhr, „es gibt so viele schöne mexikanische Frauen!" Ich habe mich aufmerksam umgeschaut, aber es ist eigenartig. Für Ausländer haben sie ein verschlossenes, verwittertes Squawgesicht. Aber für Verwandte und Geliebte oder wenn sie wirklich Kontakt zu dir haben möchten, dann blühen diese gegerbten Hüllen auf. Der Wigwam des Büffelhautgesichtes öffnet sich, und es erscheint ein rührend liebes Wesen am Eingang. Ich habe sie beobachtet. Um einmal dieses Wunder zu erleben. Wigwam öffne dich! Und wenn sich der Wigwam wieder schließt, kannst du kaum glauben, was du vor wenigen Sekunden gesehen hast. Wigwam öffnet sich. Der Wigwam schließt sich. Kuckuck…

Ich hatte mir vorgenommen, nach Mexiko zu gehen. Zumindest für einen Monat. Ganz alleine.

1. Um Iwan wiederzusehen nach all den Erlebnissen in seinem und meinem Leben. Zusammen plaudern. Essen. Spazierengehen. Sich berühren. Sehen, wie er wohnt und lebt, und erfahren, was ich dabei empfinde. Ihm erzählen, wie ich lebe, und erleben, wie er darauf reagiert. Sich wieder zur Nähe zusammenfinden nach so langem Fernsein.

2. Um offen zu sein für Menschen, die anders leben als bei uns. Die anders für einander sorgen oder nicht für einander sorgen. Die anders versuchen, Wohlergehen, Gesundheit, Glück zu erreichen. Ich brauchte Abstand, um zu erkennen, was ich hier überhaupt mache. Was ich hier in Gottesnamen tue. Denn es wird mir immer klarer, daß eine Menge Dinge nicht stimmen, die ich aber trotzdem nicht exakt ins Blickfeld bekam, weil ich zu nah dran war. Verrückt: nach Mexiko zu gehen, um Holland, Belgien, Europa deutlicher sehen zu können. Um die Kultur, in der ich lebe, arbeite, wohne, auf das Wesentliche hin überprüfen zu können. Denn wenn ich mittendrin stecke, erscheint mir vielles so selbstverständlich und entzieht sich meiner Prüfung.

3. Auch um Abstand von Hanneke zu bekommen und um zu erkennen, was ich selber will.

Ich erzählte Hanneke, daß ich alleine nach Mexiko fahren wollte. Sie sagte: „Das finde ich eine tolle Idee. Ich glaube, daß es wichtig für dich ist.“ Sie sagte auch: „Ich fürchte mich davor. Ich habe oft Angst, wenn ich alleine bin. Und dann einen ganzen Monat lang? Und die ganze Zeit bin ich alleine für Julie-Anne verantwortlich! Wahrscheinlich ist es auch mal für Julie-Anne und mich gut. Aber ich fürchte mich sehr davor... Wahrscheinlich werde ich mir verlassen vorkommen, wenn du weg bist. Und dann werde ich zornig. Ohnmächtig böse. Und dann verschließe ich mich. Wenn du zurückkommst, bin ich vielleicht eine ganze Weile verschlossen vor dir, und wir werden wieder in kleinen Schritten anfangen müssen, Sicherheit in unserer Beziehung zu schaffen. Vielleicht werde ich dir nicht mit offenen Armen entgegenkommen, wenn du zurückkommst, sondern kalt, voller Groll und Schmerz.“

Aber es gab da zwei Stimmen in mir. Die eine sagte: „Okay. Dieses ist wichtig für mich und für meine Arbeit, und ich habe Vertrauen genug, um das Risiko einzugehen."
Und die andere Stimme sagte: „Kannst du das wirklich tun? Kannst du ihr das antun?" Aber diese Stimme meinte zugleich: „Ich fürchte, daß ich meine geborgene Welt bei Hanneke und Julie-Anne verlieren könnte. Ich möchte sie immerzu festhalten."
Und die erste Stimme sagte: „Ja, aber wenn du sie festhältst, dann wirst du sie verlieren. Dann nimmst du sie nicht ernst in ihrem eigenen Sein, losgelöst von dir."
Und die zweite Stimme sagte: „Trotzdem fürchte ich mich. Ich wage es kaum, dieses Risiko einzugehen."

Ich bin wieder zurück in Cuernavaca, nachdem ich etwa zehn Tage durch das Landesinnere gezogen bin. In den vergangenen Wochen habe ich recht spartanisch gelebt. Niemals ein richtiges Bett. Keine private Lebenssphäre. Das Essen hat zwar geschmeckt, aber ich muß mich noch daran gewöhnen. Kein Tisch. Kein Stuhl außer dem niedrigen Hocker beim Herdfeuer von Santos oder von anderen. Wenn ich wach wurde, turnten die Hühner auf mir herum, und gegen Morgen war mir kalt unter der pieksenden, schmutzigen und zu kleinen Decke von Vater Santos. Keine Dusche für den Europäer. Keine richtige Toilette um mein Häufchen zu erledigen. Kein Licht, um abends zu lesen oder zu schreiben. Dazu die Hausbewohner und die Haustiere, die Tag und Nacht um mich herumwursteln und Unruhe schaffen. Ich bleibe einige Tage in Cuernavaca, bis mein Durchfall vorbei ist.

... Heute habe ich mir einen faulen Tag gegönnt im Jardin Borda: Ein königlicher spanischer Garten als Oase der Stille mitten im betriebsamen Cuernavaca. Mit Steinen umrandete Teiche, darin kleine Inselchen. Ein überdachter kleiner Hafen für Ruderboote. Terrassen. Blumen. Steinbänke. Rasenflächen. Überdachte Spazierwege ...
In solchen Augenblicken wünschte ich mir, daß Hanneke bei mir wäre. Sie kann solche Dinge mit einer solchen Selbstverständlichkeit genießen, daß man spürt: Das gehört zu ihr. In Gedanken sehe ich sie hier umhergehen. Daherschreitend und aus der Höhe um sich schauend, wie es zu ihrer königlichen Abstammung paßt. Oder sich wollüstig in ihrem eigenen reichen Körper

aalend. Oder herumtollend auf dem Rasen, erschreckt laut aufschreiend, weil eine Libelle oder ein Schmetterling sich ihr auf die Hand gesetzt hat.

Ich schreibe diese Dinge hier in der Ferne auf, um sie mir selbst zu sagen aber auch, damit sie sie lesen soll. Und vielleicht, wenn eine Weile darüber vergangen ist, dürfen sie auch alle anderen lesen, denn diese Dinge betreffen nicht nur uns. Zehn Jahre waren wir zusammen. Bis zur Verzweiflung hin haben wir einander erlebt. Ich habe sehr durch sie genossen. Durch ihre Sicht auf Menschen und Dinge. Durch ihren Körper, der mit jeder Haltung und jeder Bewegung sich das Leben angenehmer zu gestalten vermochte. Ihre Berührung war für mich Gnade. Ihr Nichtberühren war Verdammnis. Von ihr angerührt zu werden war Gnade. Nicht angerührt werden Verdammnis.
Wenn ich sie verlieren sollte – endgültig verlieren – könnte ich das verkraften? Ich würde sicher eine zeitlang verwirrt sein, so wie es mir in den ersten Tagen hier erging. Aber ich merke, daß ich ein eigenes Leben habe, daß seinen Inhalt für sich hat und durchaus lebensfähig ist. Ich merke, daß mein Leben erfüllt ist von ihr und doch mein eigenes ist.

Nur Hanneke weiß, wie ihre Tasse Kaffee sein muß: eine unnachahmliche Ausgewogenheit zwischen gemahlenem Kaffee, kochendem Wasser, Milch und Zucker. Diese Harmonie ist abhängig vom Stand der Sterne, von Dämpfen, die aus der feuchten Erde aufsteigen, von der Reibungselektrizität bestimmter Luftschichten. Das sind Dinge, die nur ihr einsichtig sind und die sie mit alchemistischer Intuition kombinieren kann, um sie in dieses subtile Gemisch umzusetzen. Im Mittelalter wurden Frauen, die diese unfaßbare Welt beherrschten, auf dem Scheiterhaufen verbrannt. Heute können wir nur in ehrfurchtsvoller Bewunderung aufseufzen: „Om" (= Sanskrit für: oberste Harmonie, unendliches „Ja", materielle Konkretisierung der Synthese der sich abstoßendsten entgegengesetztesten Elemente). Om.
Es ist nicht mehr so wichtig für mich, daß ich sie begreife. Ihre Alchemie mit Töpfchen und Sälbchen. Ihre transzendente Ökonomie im Investieren von Unmengen Zeit, um keine Zeit zu verlieren. Die lebhafte Energie, die sie einsetzt, um so faul wie mög-

lich liegen zu können. Ihre Blitzaktionen, wenn sie sich plötzlich entschließt, sich auszuziehen und ins Bad oder ins Bett zu steigen.

Es fällt mir sehr schwer, hier alleine umherzuirren. Der wandernde Jude, der angeblich im fremden Land umherzieht, in Wirklichkeit jedoch seine eigene, manchmal erschreckende, manchmal friedevolle, manchmal einladende, manchmal unwirtliche Landschaft erkundet. Manchmal fürchte ich mich in meinem eigenen Umkreis. Dann wünsche ich mir, daß mich jemand berührte. Jemand, der einfach von Nirgendwo herkommt und mich mag, ohne Worte. Verblendet masturbiere ich, was das Zeug hält. Als wäre es eine Strafexpedition. Ich möchte die Kinder auf der Straße bitten: „Sagt mal Papa zu mir." Aber dazu fehlt mir natürlich der Mut.

Ich gehe von Okotepec nach Ahuatepec. Unterwegs komme ich an einem Grundstück vorbei, das von Pallisaden eingezäunt ist. Bauern bringen ihren Stier hin, die ganze Familie läuft mit lautem Gejohle hinterher. Mindestens fünfzig Stiere sind schon zusammengetrieben worden. Kinder toben dazwischen umher. Einer nach dem anderen werden die Stiere mit dem Lasso zu einer Art Arena gezerrt und gereizt, bis sie rasend das rote Tuch angreifen. Nach einer halben Stunde gehe ich fort. Mir wird übel davon.

Ich zuckele weiter; ich halte die Einsamkeit nicht mehr aus. Ich bete zu den barmherzigen Fliegen, sie möchten mich doch anrühren. Mein Gebet wird erhört.

Sei einigen Tagen habe ich bei der Familie Rangel eine Unterkunft gefunden. Wie ich dort ankomme, lege ich mich in den Hof. Neben mir liegt ein angebundenes Schwein und grunzt. Etwas weiter weg schläft Oma Emilia, neben sich den kleinen Arturo, ein vierjähriges Kerlchen, das sie alle Augenblicke berührt, ohne daß sie oder er die Augen öffnet.

In der Nacht träume ich, daß ich mich duschen möchte. Ich muß unendlich lange warten, bis es mir gelingt. Zuerst komme ich nicht ran, weil immer irgendwer ganz dringlich etwas von mir will.

Ich sage nein. Meine Stimme wird immer aggressiver. Nein! Ich will doch erst unter die warme Dusche.
Dann gelingt es mir nicht, weil ich immer wieder im falschen Teil des Gebäudes bin. Aber ich will jetzt erst mein langes warmes Duschbad haben! Endlich komme ich in den Duschraum. Aber jetzt zeigt sich, daß ich viel zu viel Kleider anhabe und mich in dem, was ich alles ausziehen will, verheddere. Na wunderbar! Ich will mich aber doch warm brausen! Schließlich bin ich fast ausgezogen und völlig erschöpft und ratlos. Da schaut Lydia herein. Ich bitte sie sofort mir zu helfen, denn ich denke: Ich will eine warme Dusche! Ja, sagt sie, warum nicht? Ich kann dabei höchstens selber auch naß werden.

Draußen herrscht rege Betriebsamkeit. Lydia quatscht mich fröhlich französisch an. Ich liebe ihre Stimme, seitdem sie etwas tiefer klingt. Und ihr Französisch betont das noch... Es wird nicht geduscht. Und doch war ich an der Reihe.

Auf dem Marktplatz von Texlan spricht mich ein Architekt an. Wir trinken zusammen ein Bierchen. Er kennt sich hier aus. Besitzt eine Villa, ein Kabriolett, ein eigenes Schwimmbad. Er spielt sich auf als echter Mexikaner. Das gelungene Exemplar. Hochnäsig vertreibt er bettelnde Kinder und Hunde. Er glaubt zu diesem Land zu gehören, weil er einen kleinen Teil davon besitzt. Ebenso wie der schwergewichtige Geflügelfarmer aus Texas, der hier in der Nähe vier Hühnerfarmen besitzt und ein Gespräch mit einem Foto seiner drei Töchter in der einen und einem Glas Bier in der anderen Hand beginnt. Der Architekt, „Nenne mich einfach Ramon“, zieht ein Familienfoto aus der Brieftasche. Und zwei Nacktfotos von seiner Freundin Patrizia. Patrizia von Vorne. Patrizias Rückansicht. Ihr Hintern wirkt wohnlicher als ihr Gesicht. Bei Patrizias Kehrseite werde ich geil. Patrizia von Vorne läßt mich schrumpfen.
Ich wünsche ihm Glück mit der hinteren Seite.

Früher wohnte ich in einem Schloß, oben auf einem Hügel. Die Stille hallte durch die Korridore. Man konnte die Tränen von den Gewölben tropfen hören. Man hatte dort eine Aussicht über das Meer und über die Ebene, und ich sah hinab auf das Menschengewimmel in den Dörfern. Ich war dort sicher. Wie ein Mönch. Ein Jemand, der das Leben großartig an sich vorbeiziehen läßt und „weint, wenn keiner es sieht“. Im Griechischen heißt das ‚Μοναχειν‘. Das Wort ‚Mönch‘ ist davon abgeleitet, sagt man. Jetzt, wo ich zwischen Menschen lebe, ist der Hügel fortgespült. Mein Schloß ist zusammengeschrumpft zu einem kleinen Haus unten am Deich. Zur Zeit der Flut kommt das Meer zur Haustür herein und füllt das Haus mit seiner Gewalt. Ich habe keine Aussicht mehr über die Niederungen. Ich sehe die Menschen gehen. Oben auf dem Deich. Am Abend. Wie Götter. Die Haare wie brennende Fackeln.

Von klein auf habe ich gelernt, mich unsichtbar zu machen. Und ungreifbar. Es ist mir gelungen. Zum Glück. Denn der Satan geht

um und sucht, wen er verschlingen könnte. Und das Matriarchat galoppiert durch die Lande, die Brüste vor sich hertragend. Es sucht, wen es an den Brüsten des wahren Glaubens laben könnte. Es sucht dich zu bekehren zu etwas, was du nicht bist. Unsichtbare dieser Erde, preist den Herrn.
Aber ich habe es nicht gelernt, mich zu zeigen, wenn ich sichtbar sein möchte,
Ich komme nach Hause mit Wärme oder mit Kummer. Mit einem mickerigen Blümchen. Mit einem Finger im Mund. Mit zu viel Leid für den heutigen Tag. Mit dem Bedürfnis, stundenlang zu quatschen oder stundenlang still zu sein ... Aber es zeigen sich keine deutlich sichtbaren Anzeichen, die darauf hindeuten, daß dies meine Bedürfnisse sind. Es ertönt sogar kein Nebelhorn, das mich ankündigt. Und meine Liebste fährt an mir vorbei, ohne mich zu sehen.
Und morgen fragt sie: „Wo warst du gestern?"
Dieses Alleinesein ist tödlich.
Möchten die umherirrenden Seelen der verstorbenen Kinder angerührt werden, damit sie endlich in Frieden ruhen können. Amen. (Juni '77)

2. Ethik in der Beziehung

Wenn ich die Ethik-von-Innen-heraus auf Beziehungen und Bekanntschaften anwende, dann lautet die Frage nicht mehr: Was ist gut, was ist böse in einer Beziehung?, sondern es muß jetzt heißen: Was bedeutet mir diese Beziehung? Und in wieweit ist sie stimmig mit mir (im Gesamtzusammenhang meines Lebens) oder nicht?

Ich merke in der Verbindung, daß ich zweierlei brauche. Zwei Dinge, die sich scheinbar ausschließen, die jedoch tatsächlich die beiden Pole sind, die unentbehrlich sind, um das Spannungsfeld in einer Verbindung oder einer Beziehung aufrecht zu erhalten.

Erstens gehört dazu, daß meine eigene Welt intakt bleibt. Daß meine eigene Identität und mein eigener Wille unangetastet bleiben. Meine Eigenheit. Abstand. Alleinsein können. Auch bei dem Anderen. Wenn ich in der Beziehung bleiben will, muß ich Sorge tragen, daß ich mich auch daraus lösen kann.

Als Zweites muß es Gemeinsamkeiten geben. Daß wir einander anrühren, berühren. So daß ich mich den Händen des Anderen überlasse. Und daß ich den Anderen mit meinen Händen oder Worten nachbilde nach seinen eigenen Formen.

Abstand ist genau so notwendig wie Nähe.

Viele Menschen sprechen über eine Beziehung nur in Worten, die Nähe ausdrücken. Und wenn sie über ihr Bedürfnis nach Abstand sprechen, dann klingt es, als ob sie über etwas reden, was eigentlich nicht sein sollte. Etwas Verkehrtes. Etwas, woran das teilweise Mißlingen ihrer Beziehung zum Ausdruck gebracht wird. Mir wird immer stärker bewußt, daß in der Beziehung der Abstand ebenso wesentlich ist wie das Einander-Nahesein. Sich auf manchen Gebieten nicht zu verstehen wie einander zu verstehen. Nicht das Gleiche denken. Nicht die gleichen Dinge mögen. Nicht alles zusammen tun wollen. Nicht immer miteinander in Urlaub fahren wollen. Nicht dasselbe Girokonto haben. Nicht die selben Freunde besuchen. Nicht unbedingt die selben Filme sehen. Kurz: anders sein. Getrennt. Jeder mit eigener Identität. So daß immer wieder deutlich wird, wo ich aufhöre und der Andere beginnt; wo ich beginne und der Andere aufhört. Es ist nicht so, daß Abstand an sich „gut“ ist. Daran liegt es nicht. Genau so wenig wie Nähe an sich. Aber wenn ich nicht genügend Abstand habe, wird mir beklommen zumute. Meine Augen fangen an, scheu zu flackern, wie wenn ich nach einem Ausweg suche, um zu entkommen. Und wenn der Abstand zu groß ist – oder zu lange dauert – dann werde ich traurig. Ich fühle, wie ich verkümmere und vertrockne.

3. Den Abstand regulieren

Um Gottes Willen, sei kein offenliegendes Feld für einen Anderen, schreibt Joke, denn du gehst daran zugrunde. Dein eigenes Wachstum kann sich nicht mehr entwickeln. Oder du mußt heimlich wachsen, wenn der Andere fort ist.

„Abstand-wollen" bedeutet, daß du in der Beziehung auch „Nein" sagst zur Berührung. Daß du im Zusammen-sein auch das Alleine-sein sicherstellst. Daß du den Anderen heranläßt und gleichzeitig dafür sorgst, daß du selber nicht zu kurz kommst. Es ist sehr schwierig, das einem Menschen gegenüber in Worte zu fassen, mit dem du dein Leben teilst. Es ist schwierig, zusammenzuleben und doch den eigenen Freiraum zu behalten: „Ich möchte jetzt eine Weile nicht mit dir zusammen sein. Ich bin heute abend zwar zuhause, aber ich bin nicht für dich da. Ich möchte ein Wochenende alleine losziehen. Ich will heute Nacht alleine schlafen." Wenn diese elementaren Bedürfnisse geäußert werden, dann sieht es schon bald so aus, als ob ein Konflikt sich zusammenbraute oder ein Bruch sich androhte. Darum neigen wir mehr dazu, den Abstand, den wir brauchen, auf dem Umweg über wichtige oder nützliche Aktivitäten zu erreichen. Damit wir, ohne den Abstand beim Namen zu nennen, doch von unseren geliebten Kindern, Ehegatt(inn)en, Freunden fort sind.
Du kannst dir zum Beispiel einen Hund halten. Der muß ausgeführt werden. Inzwischen kannst du auch dich selber ohne Anstoß zu erregen ausführen. So kannst du nachts um halb zwölf oder um halb eins noch mal eben auf die Straße gehen. Das ist erlaubt, denn du hast einen Hund. Und du schlenderst ein bißchen umher und schaust nach den erleuchteten Fenstern mit den offenen oder geschlossenen Vorhängen. Ohne Hund geht das nicht. Dann hält man dich für einen Spanner, und die Nachbarn rufen die Polizei an. Mit Hund sieht die Sache anders aus. In Gesellschaft eines Haustieres hast du Anteil an den Privilegien eines Haustieres. Du darfst dann mit-ausgehen. Tagsüber und auch in der Nacht. Aus deinem Haus. Aus deiner Beziehung...

Oder du besorgst dir ein Hobby, das aus irgendeinem technischen oder sozialen Grund nicht zuhause ausgeübt werden kann. Tennisspielen, Fischen, Angeln. Im Schulausschuß sitzen. Oder in deiner Stammkneipe. Ein voller Terminkalender kann in dieser Hinsicht auch Wunder wirken. Überstunden kann man wohl immer machen. Es gibt sicher Leute, die dich brauchen.

Wenn wir das Haus nicht verlassen können, müssen wir den Abstand wieder auf andere Weise herbeiführen. Wir können uns z. B. hinter der Zeitung verstecken, in ein Buch vertiefen oder an den Fernseher hängen.
Es gibt noch Hunderte von anderen Möglichkeiten, manchmal ganz subtiler Art, die uns vor zuviel Nähe schützen, wenn wir zusammenwohnen, miteinander reden, arbeiten, oder uns lieben. In einer Gesellschaft tolle Geschichten erzählen ist zum Beispiel ein gutes Rezept. Das gibt mir so eine Art der Beziehung, bei der alle Fäden bei mir zusammenlaufen. Ich spiele sozusagen auf den Anderen und schirme mich gegen zu viel Nähe ab. Mehr oder weniger im Monolog sprechend, sind meine Grenzen sicher abgesteckt, so daß ich nicht aus dem Konzept gerate oder überrumpelt werde. Ich fessele sie. Ich tummele mich kreativ und ausgelassen.
Ein anderes Rezept: necken und Witze reißen. In Neckereien und Witzchen äußere ich Gefühle und Wünsche, die ich lieber nicht offen und bloß preisgebe. Weil ich mich schützen will. Gegen Schmerz und Scham.
Ohne unser Dazutun schafft uns unser Organismus bereits den nötigen Abstand, wenn Menschen oder Dinge uns zu nah auf die Pelle rücken: Eine all zu tragische Botschaft dringt nicht gleich zu uns durch; wir glauben es nicht sofort, wenn jemand uns erzählt, daß ein guter Freund gestorben ist; wenn Andere uns bei einer schlechten Eigenschaft erwischen, sind wir selbst die Letzten, die das merken; wir vergessen systematisch die langweiligen Arbeiten, die noch auf uns warten; wir hören nicht mehr, was gesagt wird, wenn einer in einem fort redet; wir bekommen einen black-out, wenn etwas zu viel wird, und so weiter.

Das Bedürfnis nach Abstand in einer Beziehung, nach eigenen Grenzen, ist so stark, daß wir automatisch daran denken, die

Beziehung endgültig abzubrechen, wenn es uns nicht gelingt, den eigenen Freiraum zu behaupten.
Ihr sitzt vielleicht zu zweit in einem Zelt auf dem Grand Ballon in den Vogesen. Und du fühlst dich nicht anerkannt. Und du findest keinen Raum für deine eigenen Gefühle und Wünsche. Und überhaupt, alles kommt zusammen. Auf dreimaldrei Meter Zeltfläche. Und es regnet immer weiter. So daß ihr einander nicht entkommen könnt.
...so etwas frißt wie ein Geschwür an deinem Magen.

Wenn wir vor denen, die wir lieben, nicht genug Freiraum haben, beginnen wir sie zu hassen. Dieser Haß ist nur eine Form von notwendiger Selbsterhaltung. Und wenn dann auch noch dieser Haß eigentlich nicht sein darf, dann können wir uns nur noch die Kehle zudrücken bis uns der Nacken rot anschwillt. Wir ersticken uns selbst. Wir machen uns asthmatisch oder verengen den Kreislauf in unseren Adern.

In diesem Stadium tauchen dann die doppelten Botschaften auf, in denen wir den anderen einesteils um seine Gunst bitten (um seine Nähe) und ihn andernteils wegschubsen durch Vorwürfe und verletzende Bemerkungen (Bitte um Abstand). Und diese letztere Botschaft ist dann vorherrschend. In diesen doppelten Botschaften sagen wir Dinge, die für uns wesentlich und wichtig sind und von denen es für uns wesentlich und wichtig ist, daß der Andere sie hört. Aber wir sagen sie so, daß es destruktiv und lähmend wirkt. So daß der Andere um seiner Selbsterhaltung willen Ohren und Herz verschließt. Um sich zu verteidigen, sucht er/sie jetzt auch nach Waffen. So wirkungsvoll wie möglich. Aber wer macht mir den Unterschied zwischen dem Ministerium der Verteidigung und dem Ministerium des Angriffs klar? Es sind die gleichen destruktiven Waffen. Und beide versuchen mich zu überzeugen, wie gefährlich der Andere ist. Und ich sehe, wie gefährlich und drohend beide aussehen.

„Wenn du mich wegschubst und verletzt und meine Absichten auf raffinierte Weise lächerlich machst, wenn du mich umformst zu etwas, was ich nicht bin, wenn du mir schwerbewaffnet entgegentrittst und Kanonenschüsse abfeuerst, als ob ich ein Drache mit sieben Köpfen wäre ... Wie soll ich dann glauben, daß dies dein verzweifelter Appell an mich ist, Zuwendung und Wärme von mir zu bekommen?“

Wie schaffe ich es, daß mein Zorn die Kraft bleibt, mit der ich Widerstände überwinde? Daß er nicht zur Gewalt wird, mit der ich zerstöre, was ich erreichen möchte?
Meine Aggression meldet sich, wo der Gegenstand meines Verlangens schwer zu erreichen ist. Ich kann sie handhaben, so daß ich – die Zähne zusammengepreßt – große Hindernisse überwinden kann, um dahin zu kommen, wo ich hin will.
Ich kann meine Aggression auch so einsetzen, daß ich vernichte, was ich erreichen möchte. Dann wird meine Stärke mir selbst zum Feind.

„Ich kämpfe um eine Beziehung zu ihm“, sagte sie. Aber derjenige, zu dem sie eine Beziehung haben wollte, hatte sich zum Glück schon meilenweit in Sicherheit gebracht.

„Sie benutzt ihre offenen Wunden als Saugnapf, um in Kontakt zu kommen“, sagte er. Das finde ich nicht gerade besonders appetitlich und hygienisch. Und für ihre Wunden scheint es mir auch nicht sehr gut zu sein. Die werden auf diese Art offen und wund

gehalten. Sie sind der einzige Berührungspunkt. Und dabei dachte ich, daß Wunden heilen, wenn man sie nicht berührt. „Ich möchte mit dir reden," sagte er. „Na gut," seufzte sie. Dann salbaderte er ihr was vor.

Ich warte in dem kleinen Busbahnhof der „Flecha Roja" (Roter Pfeil) auf den Bus nach Chalma.
Mir gegenüber sitzen ein junger Mann und eine etwas füllige Frau von gut fünfundzwanzig Jahren. Sie weint. Er spricht lebhaft auf sie ein. Mit einer Menge Argumenten. Erstens, zweitens, drittens, zeigt er mit den Fingern vor ihrer Nase. Sie schüttelt nur immerzu verneinend den Kopf. Ich denke, daß sie durch ihre Tränen hin seine Argumente und seine Finger kaum sieht. Sie wirkt auf mich im Augenblick auch nicht so, als ob sie zählen würde.
Ein Mann mit weißem Stoppelbart und fast schwarzer Haut versucht inzwischen, mir Souvenirs anzudrehen. Vergeblich. Nachdem er mir zehn Minuten in den Ohren gelegen hat, geht er endlich. Alle paar Meter dreht er sich noch einmal um, um mir nochmal aus immer größer werdendem Abstand klar zu machen, wie dumm ich bin, weil ich nichts kaufe.
Die füllige Frau von fünfundzwanzig schüttelt immer noch ablehnend den Kopf auf alles, was ihr Mann oder ihr Geliebter oder ihr Bruder sagt und weint immer noch leise weiter. Töpfe mit Obst und Gemüse. Ein Stapel von sicher zweihundert Sombreros. Säcke voller Zwiebeln. Eine Plastikwanne von 150 cm Durchmesser. Ein Bündel von fünfzig Reisigbesen. Hühner in Taschen. Hühner und Puter unter dem Arm. Ein Ferkel, die Hinterbeine zusammengebunden. Alles geht hinein in den Bus...
Das mollige Mädchen weint immer noch und schüttelt immer noch den Kopf. Nach einer ganzen Weile steht er auf, sieht sich großspurig um, als wollte er uns alle als Zeugen anrufen, zuckt die Schultern mit einer Miene von „Ich hab mir jedenfalls alle Mühe gegeben" und geht fort, verbissen, böse, vorwurfsvoll, als sei ihm das größte Unrecht und die ärgste Unbilligkeit angetan worden. Ich folge ihm mit den Augen. Er sieht sich nicht um.

Ich kenne viele Menschen, die das Problem der Distanz lösen, indem sie in einer Beziehung abwechselnd da-sind und nicht da-sind. Niemals gleichzeitig. Sie haben eine schweigende

Übereinkunft, nach der sich der Eine zugunsten des Anderen völlig außer Acht läßt. Wenn der Eine an der Reihe ist, darf der Andere sich nicht mehr melden mit seinen (oder ihren) Vorlieben, Bedürfnissen und Reaktionen. Sie haben sogar eine bestimmte Reihenfolge dafür, wer jetzt reden darf und wer später. So können sie wechselweise ihre Geschichten monologisch abspulen. Sie sind scheinbar glücklich mit dieser Regelung, die eine Menge Probleme beseitigt. Abwechselnd Hörige, abwechselnd Potentaten. Sie sind immer alleine, selbst wenn sie zusammenleben.

Man gewöhnt sich daran, Haustier zu sein:
„Komm Teddy, geh Teddy, Platz, Teddy.
Frauchen ist traurig. Komm Teddy.
Frauchen möchte, daß du lieb zu ihr bist. Komm Teddy.
Nein! Nicht mit der nassen Schnauze!
Geh, Teddy, du stinkst nach Hund.“

Man gewöhnt sich daran, Haustier zu sein:
„Komm Teddy! Ich will, daß du für mich da bist.
Für meine Gefühle.
Aber du darfst nicht traurig oder böse oder ängstlich sein.
Ich will, daß du für mich da bist.
Nicht mit dem, was dich angeht, Teddy!“

Man gewöhnt sich daran, Haustier zu sein:
„Komm Teddy. Du darfst meine Gefühle teilen. Komm Teddy.
Aber nur keine Gefühle, die dadurch bei dir geweckt werden.
Geh Teddy!
Es geht um mich. Es geht jetzt nicht um dich.
Komm Teddy!
Nein! Nicht diese nasse Schnauze!
Geh, Teddy!

Man gewöhnt sich daran, Haustier zu sein.
Anfangs spürst du zwar, wie etwas in dir knurrt
und dir die Schneidezähne jucken.
Das ist die schwierigste Phase, durch die du hindurch mußt.

Später fühlst du dich nur noch traurig.
Feucht in den Augen und um die Schnauze.
Noch ein paar Jährchen. Es wird schon werden.
Dann fühlst du nichts mehr. Du bist grau und leer.
Die Probleme gibt's nicht mehr.

Es ist einfacher, mit der „Herr-sein-oder Weg-sein-Regelung“ sich abzufinden als damit, „Ich-selbst-zu-bleiben“ und dann einander entgegen zu kommen. Es ist einfacher als eine Beziehung, in der beide Partner einen eigenen Planeten bewohnen mit eigenem Kreislauf, den sie zwar aufeinander abstimmen können, der aber trotzdem jeweils der eigene Kreislauf bleibt. Einander immer wieder begegnen und immer wieder loslassen. Einander im Gleichgewicht halten. Nicht sich gegenseitig auslöschen.

4. Zaddik: Zuverlässig in der Beziehung

In der Bibel heißt eine Partner-Beziehung: Berith. Das Volk hat zum Beispiel einen Berith mit Gott. In der Übersetzung nennt man das den „Bund“. Partner gehen miteinander um in einer Weise, die in ihr Leben eingreift. Das bindet sie aneinander. Aber jeder bleibt er selbst. In der und durch die Beziehung bekommt jeder Partner seine eigenen Entwicklungsmöglichkeiten. Und die werden nicht geringer, wenn dein Leben mit dem eines anderen „verbunden“ ist. Im Gegenteil.

Zwischen den Partner gibt es auch einen ungeheuren Abstand. Es ist ein Fremdsein vor einander, welches nicht die Innigkeit der Beziehung leugnet, sondern ihre Grundlage ist. Der Abstand ist so groß, daß zum Beispiel in der Beziehung Mensch-Gott, vom Menschen aus gesehen (der einzige Winkel, von dem aus Menschen schauen können) der Partner der Ganz-Andere per definitionem ist. Derjenige, den wir in Begriffen und Worten nicht fassen können. Den wir mit unserem Maß nicht messen können. Den wir nicht mit unseren Händen modellieren oder schnitzen können. Wenn wir unserem Partner einen Namen geben, tun wir ihm/ihr bereits Unrecht an.

Anstelle dieser „Gestaltgebung“, mit der wir dem anderen Unrecht tun, können wir auf andere Weise unserem Partner einen Namen geben ohne ihn/sie einzuschränken. Indem wir uns nämlich beschränken auf die Wiedergabe dessen, was wir in dieser Beziehung erleben.

Daher wird in der Bibel niemals gesagt, wie Gott „ist“. Die Erlebnisse des Volkes werden uns erzählt. Der „Andere“ ist darin bestimmend gegenwärtig, darf/kann jedoch nicht ausgesprochen werden.

Wenn du so mit anderen umgehst, bei dem eigenen Leisten bleibst, die unantastbare Identität des Lebensweges anderer Menschen respektierst, den Anderen in seinem eigenen Wertsystem beläßt, ihn nicht in dein eigenes philosophisches, theologisches, ökonomisches oder sexuelles System reduzierst, ihn/sie nicht unterdrückst oder ausbeutest, nicht nach deinen

Normen oder Interessen be- oder verurteilst, ihm/ihr sowohl persönlich als auch völkerrechtlich seinen/ihren gleichwertigen Platz neben dir gibst, dann bist du – der Bibel nach – „Zaddik“. In Übersetzungen nennt man das meistens „gerecht“. Zaddik bedeutet jedoch mehr: Was du tust, stimmt. Es stimmt mit dir selbst und mit dem größeren Ganzen, zu dem zu gehörst, überein. In einem Wort: *zuverlässig.*
(Gibt es eine bessere Möglichkeit Gestalt-Ethik in der Beziehung auszudrücken als diese? Tausende von Jahren vor Perls).

5. Die Distanz wählen: Abschied und Scheiden

Das Leben lenkt sich selbst in die rechte Bahn. Darauf kann man sich verlassen. Unzuverlässig wird es, wenn man schon im Vorhinein versucht, es in der Hand zu behalten. Wenn du die Dinge nicht einfach auf dich zukommen läßt: sich selbst verdeutlichend, sich selbst korrigierend, sich selbst als unmöglich oder möglich erklärend.
Eine Beziehung lenkt sich selbst in die rechte Bahn. Sich selbst verdeutlichend, sich selbst korrigierend, sich selbst als möglich oder unmöglich erklärend. Sie wird erst dann zu einer Falle, wenn du sie festlegen willst auf ewige Versprechen oder unverrückbare Gesetze. Wenn du die Beziehung von heute oder morgen binden willst an die Regeln von gestern. Wenn du dich selbst einsperrst in die Art, wie du mit ihm/ihr gewesen bist…
Beziehung ist Leben, daß sich selbst in die rechte Bahn lenkt. Sie setzt Zeichen, wo eine Periode zu Ende ist und eine neue Phase beginnt. Wo die Beziehung auf einer bestimmten Ebene aufhört zu sein (z. B. sexuell, ökonomisch, väterlich, mütterlich, therapeutisch), weil diese Periode zuende ist. Wo sie dann auf einer anderen Ebene weitergeht oder auch nicht.
Man begegnet sich. Einfach so. Und das ist dann wunderschön in vieler Hinsicht. Es ist nicht das Höchste. Es ist einfach das, was es jetzt ist. Vielleicht genügt es nicht für alle Zeit, es bedeutet jedoch viel für diesen Augenblick. Und nun verblaßt es. Und du weißt nicht, wieviel morgen noch übrig sein wird. Darüber wird das Morgen bestimmen. Dein Körper wird nicht unterlassen, Botschaften auszusenden, ob er sich wohl fühlt oder nicht. Du wirst dich immer weniger nach ihm oder ihr sehnen, oder immer mehr. Das weißt du jetzt nicht. Du wirst immer mehr Bereiche mit ihm oder ihr teilen wollen, oder immer weniger. Dein Herz wird sich immer weiter öffnen, oder es wird sich verschließen. Diese Beziehung wird sich als tragend für ein ganzes Leben erweisen, oder es wird sich erweisen, daß sie nicht genügt für ein ganzes Leben. Sie wird genügen für ein ganzes Jahr oder für ein halbes Jahr…
„Das setzt natürlich voraus, daß du eine eigene Mitte hast, auf

die du immer wieder zurückgreifen kannst und von der aus die Enscheidungen geboren werden und reifen können, mit denen du dein Leben von einem Moment zum nächsten lenkst. Woher du auch erfährst, was zu dir gehört und was nicht. Ein innerer Bezugspunkt. Ich glaube nicht, daß ich den habe."

„Habe ich solch eine Mitte oder nicht? Das scheint mir nicht die entscheidende Frage zu sein. Ich glaube, wenn du dich entscheidest, auf deine innere Stimme zu lauschen, auf die Signale des Lebens, das aus dir hervorbricht, dann baust du jedes Mal an deinem inneren Heim. Ein Zuhause, wo du dir selbst und manchmal auch Anderen einen Unterschlupf bietest. Einem lieben Menschen, der gerade vorbeikommt – wenn du das willst. Einem Freund, wenn dir jemand zum Freund geworden ist. Einem Partner, wenn er sich dir als Partner erweist."

„Wie fange ich es an, meine Frau etwas weniger zu verstehen und zu lieben – und mich selbst etwas mehr?"

Liebe Marlene,

dieser Brief ist ein Kampf mit mir selber. Ich nehme ihn nun schon zum siebten Mal wieder zur Hand, denn ich bringe immer nur ein kleines Stück zustande, und nach wenigen Worten legt sich eine Dunkelheit über meinen Kopf, die alles auswischt, was ich sagen will und doch nicht zu sagen wage.

Ich kenne dich nun ein Jahr lang und bin so nach und nach eine Beziehung mit dir eingegangen. Als ich dich das erste Mal sah, gab es mir einen Ruck. Deine Augen, dein Gesicht, deine Art zu sprechen, deine ungekünstelte Unmittelbarkeit gingen mir durch und durch. Und der Strom deiner Wärme, die mich einhüllte wie eine warme Decke nach langen Monaten der Eiseskälte in Leib und Seele, berührte mich tief. Ich konnte dich nicht lassen und du mich nicht, und das war ein wonniges Gefühl. Es funkte zwischen uns. Allzu lange angesammelte Säfte verströmten sich, und unsere Körper dehnten und wanden sich aus Dankbarkeit und aus Schmerz über die lange Zeit der Enthaltsamkeit. Und wir sagten einander: „Du bist der Mühe wert. Mühelose Mühe, selbstverständliche Ehrfurcht, Zärtlichkeit ohne Rückerstattung."

Es machte uns reicher. Beide. Der hohe panikartige Ton in deiner Stimme verschwand. Du fürchtetest dich nicht mehr so sehr vor Menschen. Du begannst wieder zu arbeiten, und ich hörte den Widerhall der Selbstbezichtigung nicht mehr, wenn du sprachst. Und deine tollen, ungehobelten Weisheiten machten mir Spaß, obwohl sie mich mit einer Deutlichkeit überrumpelten, die es in sich hatte. Du spekuliertest über die Bedeutung meiner Reaktionen und Gefühle und legtest treffsicher den Finger darauf, während ich noch fanatisch versuchte, mich zu entscheiden. Du lehrtest mich, zu unterscheiden zwischen deinen Gefühlen und Bedürfnissen auf der einen Seite und deren aggresiv defensiv explosiver Verpackung auf der anderen Seite. In der Zeit der Krise, in der ich damals meistens verloren und hoffnungslos herumlief, fand ich bei dir mal eben einen Ruheplatz und ein Nest für eine Nacht oder für eine halbe Nacht.

Und doch stimmt etwas nicht.
Um all der schönen Dinge willen, die es in unserer Beziehung gibt, lasse ich mich immer wieder verleiten, den Teil, der nicht stimmt, zu vergessen oder unter die Matte zu kehren.
Diese Art Beziehung trägt die Forderung in sich, immer enger zu werden. Und dann kommt der Tag (den man voraussehen kann, wenn man etwas weniger Stroh im Kopf hat als ich), an dem man ein gemeinsames Leben haben muß, um wahrzumachen, was man begonnen hat. Denn wenn du die Liebe nicht hineinläßt, wächst sie wie Efeu an deinem Haus empor. Man verhakt sich ineinander, ohne es zu bemerken. Und das will ich nicht mit dir. In Wirklichkeit will ich meine vier Wände nicht mir dir teilen. Ich wage kaum, es dir zu sagen.

Ich habe versucht, meiner eigenen Seele und meinem Körper zu lauschen und die Signale, die sie mir geben ernst zu nehmen. So wollte ich es dir immer wieder – zur Zeit und zur Unzeit – sagen, daß ich dich niemals heiraten oder mit dir zusammen leben möchte. So war es mir klar, daß ich niemals mit dir in Urlaub fahren möchte. So wurde mir oft beklommen um der Dinge willen, die du von mir wolltest.
So spürte ich immer häufiger, daß ich mich fortwünschte, wenn ich bei dir war. Ich spürte buchstäblich, wie mein Körper zurückwich. Ich spürte immer deutlicher, daß es sehr viele Dinge gab,

die mir wichtiger waren als Du: Efeu, der mein Haus schmückt und zugleich an den Mauern nagt: knusper, knusper, knäuschen, wer knuspert an meinem Häuschen... und ich werde dich niemals hereinlassen.

Diese Grausamkeit wird mir jetzt erst richtig klar. Zwei Welten, deine und meine. So völlig unterschiedlich gestaltet, daß sie wohl aufeinander prallen müssen, wenn man versucht, sie zu verbinden und gleichzeitig getrennt zu halten.
Deine Welt ist anders. Ich merke, daß du auf mich wartest und mich nötiger brauchst als ich dich. Und du willst, daß ich da bin: Wenn du krank bist oder Geburtstag hast, oder wenn du überglücklich bist und dich mitteilen willst; oder nach der Arbeit, um mir zu erzählen, was alles passiert ist; oder wenn du Probleme laut aussprechen, ordnen, sortieren, ventilieren möchtest; oder wenn du dich alleine fühlst... Und dann bin ich nicht da. Und auf diese Weise will ich auch nicht da sein. Manchmal schon. Aber du darfst dich nicht darauf verlassen, denn mein Nest ist nicht bei dir. Mein erstes Nest nicht und mein zweites Nest nicht. Ich bin nur ein lieber Vorübergehender. Einer, der vorübergeht.
Damit habe ich die Fäden in der Hand. Ich setze die Grenzen. Mit meinem Terminkalender in der Hand. Auf der Suche nach einer Lücke. Der Kampf um meine Zeit, um mein Leben. Und du bist immer die Benachteiligte. Mich selbst beschütze ich mit viel Raum für meine Familie, für meine Arbeit, und mit Freiraum alleine zu sein und zu Ruhe und Ausgeglichenheit zu kommen. Ich will meine kostbare Einsamkeit nicht an dich verlieren. Welche Unausgewogenheit! Zum ersten Mal ist mir bewußt geworden, wie ich so dir aber auch mir selbst Unrecht zufüge. Und dann kommt das heulende Elend, Vorwürfe, Verteidigungen, Eifersüchteleien. Zusammenstöße zwischen den Bewohnern deines Planeten und meinen...

Und hatte nicht alles um des Friedens willen und um der gegenseitigen Annahme willen begonnen? Mit Achtung vor den Verwundbarkeiten und Ängsten des Anderen? Um des ruhenden Pols willen? Ein Ruheplatz auf einem Vulkan!

Liebe Marlene, das sind die Tatsachen. Und ich habe mich entschlossen, die Augen nicht vor den Tatsachen zu verschließen.

Denn wenn ich die Augen vor der Realität verschließe, dann verschließe ich die Augen vor der Realität.
Wenn es anders wäre, wenn ich dich ganz und gar ersehnte, dann würde ich mein Leben vielleicht umgestalten, um dir darin einen wesentlichen Raum einzuräumen mit dem Kreislauf von Schmerz und Freude, der dazu gehört. Aber meine Seele schreckt zurück vor der Verbindung, die aus meinen Taten erwächst. Und mein Leib scheut ebenso zurück. Ich will diese Bewegung ernstnehmen, jetzt, wo ich sie bemerke. Diese Klarheit mir selbst und dir gegenüber ist neu. Vorher ahnte ich sie nur flüchtig. Jetzt ist sie unentrinnbar. So wie ich die Dinge jetzt sehe und sage, weiß ich sie eben erst...

Eine Reaktion von Marlene (für die 2. Auflage geschrieben):
„Dieser Brief war ein Schlag für mich. Bei jedem Schlag müßtest du gleichzeitig den zerschmetterten Kiefer, das blaue Auge oder den blutenden Mund zeichnen. Erst dann bekommst du einen vollständigen Eindruck von dem Schlag.
Zu diesem Brief gehört daher mein Schmerz. Darum wünschte ich, du hättest diesen Brief nicht in dein Buch geschrieben. Selbst wenn du mich hinter einem anderen Namen versteckt hast. Du sagst natürlich, daß sich dieser Brief auf dich bezieht und dir darum gehört. Aber der Schlag besteht aus zwei Teilen: Dein Anteil und mein Anteil.

6. Ehe-Scheidung

Wenn du deine Ethik beziehst aus der Ehe als Institution – aus dem gesellschaftlichen Vertrag, der in unserer Kultur viel Gewicht hat – aus der göttlichen oder menschlichen Einstellung zu dem unlösbaren Bündnis, dann tust du diesen Schritt nicht, dann bleibst du. Selbst wenn dir dort sehr wesentliche Dinge abgehen. Dann bestimmen, begrenzen, umreißen die Umstände deine Möglichkeiten auf absolute Weise. Es ist nicht einmal unmöglich, auch innerhalb dieser Grenzen relativ glücklich zu sein. Auch im Gefängnis können Menschen in gewisser Hinsicht frei sein.

Wenn du deine Ethik – die Normen von Gut und Böse, durch die du deine Entscheidungen bestimmen läßt – auch zu einem wesentlichen Teil aus deinem Leib beziehst, aus dem was mit dir geschieht (deiner Geschichte), aus einer liebevollen Zuwendung zu dem Leben, das sich aus dir entwickelt..., wenn du deine Normen mehr aus dem beziehst was ist, als aus dem, wie die Dinge sein müßten, dann liegt alles anders. In dem Maße wie du dich änderst, wächst, wird der Vertrag der Beziehung sich ändern oder aufhören zu sein.

Damit sollen nicht die Normen von-außen-her entwertet werden. Die Ehe-als-Institution kann hiermit nicht unterminiert werden. Der gesellschaftliche Vertrag bietet Schutz gegen Eintagsgefühle, die wir morgen vielleicht schon wieder bedauern; gegen die Zerrüttung, durch die Partner und Kinder hindurch müssen, wenn das Band zerrissen wird; gegen allzu leichtfertig eingegangene Risiken. Sie sind eine ständige Warnung, nicht unbesonnen den Weg zu großen Schmerzes zu betreten.

Und die Ethik von-innen-her ist dazu da, uns zu beschützen gegen die Tendenz vorläufiger Strukturen zu ewigen Strukturen zu werden. Die Ethik von-innen-her relativiert die Ethik von-außen-her und sorgt dafür, daß die Ethik von-außen-her nicht zum Feind deines Lebens wird. Strukturen des Zusammenlebens sind Strukturen. Sie sind nicht das Zusammenleben selbst. Strukturen sind Strukturen, die dich tragen, solange sie dich tragen. Sobald sie dich einsperren, tragen sie dich nicht mehr, sondern sperren dich ein.

Treue in der Ehe ist nicht die Treue eines Hundes zu seinem Herrn. Nicht die Treue einer Sklavin zu ihrem Besitzer. Nicht die Treue eines Ritters zu seiner Dame. Nicht die Treue eines Soldaten zu seiner Fahne. Ewige Treue in einer Ehe ist in hohem Maße ewige Treue zu sich selbst. Lausche auf die Stimme des Lebens, das von Augenblick zu Augenblick und Jahr auf Jahr aus dir geboren wird. Sei deine eigene Hebamme mit allen Sorgen, die zu diesem Beruf dazugehören. Dränge dein Kind nicht zurück, wenn es um verschiedener außerer Gründe willen nicht da sein dürfte.

„Wenn ich über unsere Beziehung nachdenke," sagte Hanneke heute, „sehe ich nicht mehr, wie wir noch etwas Gutes daraus machen könnten. Andere Leute trennen sich in dieser Situation. Nur ein Wunder könnte uns noch helfen."
Manchmal hatte ich alles in der Hand. Ich hatte die Fähigkeit, ihr alles zu geben, was sie sich wünschte und was ihr gut tat. In mir sah sie die Ideale, die sie nie erreichen würde. Und manchmal lag wiederum alle Kraft in ihren Händen. Um mich aufzubauen oder zu zerbrechen. Um mir Friede zu schenken oder mich zu erniedrigen. Um mich in jedem Nebensatz schneidend scharf zu strafen. Um mich zu lieben, wenn sie gnädig war. Oder um alle Register meiner Schuldgefühle, Unsicherheiten und meiner Verstörtheit zu ziehen zu einer teuflischen Kakophonie.
Aber wir haben „es" nicht mehr in der Hand. Es? Uns? Ist dies das Ende? Das Ende wovon? Das Ende einer Beziehung, in der wir abwechselnd Erlöser – und großer – Zerstörer waren? Heute ich, morgen du?
Wir haben „es" nicht mehr in der Hand. Ist dies der Anfang? Einander loslassen. Ist dies das Wunder, das „glauben" heißt? Zwei getrennte Welten neben einander gelten lassen? Ohne daß der eine Planet den anderen beherrscht durch Liebe oder Un-liebe, durch Urteil-zum-Guten oder Urteil-zum-Verderben. Einsamkeit mit der Aura von Ehrfurcht und Selbständigkeit. Es nicht mehr in der Hand zu haben?
Heute Nacht war ich noch ganz niedergeschlagen dadurch. Ich dachte: Ich bin alt. Für mich gibt's keinen Frühling mehr. Inzwischen wehte ein heftiger Föhn über die Hohe Tatra. Der Schnee schmolz dahin. In den Rinnen strömten kleine Bäche aus

Schmelzwasser. „Vielleicht hast du sie nie wirklich geliebt" raunte ein Quälgeist mir ins Ohr. Die Verstörtheit drang in mich hinein durch sämtliche Poren. Ich wußte nicht mehr, wie ich den Schmerz, der mich überflutete, dämmen könnte. Es war zu viel. Von meiner großartigen Landschaft war nur noch Schlamm und Matsch übriggeblieben. In den Rinnen bildeten sich kleine Bäche von Schmelzwasser ohne hörbare Schluchzer. Geschmolzener Stolz: Kummer.
Wo die Schneedecke aufbricht, zeigen sich kleine Grasflecken. Es wirkt wie Stroh und wie Heu und verfroren. Wie lange dauert der Winter noch an? (Zakopane 25. 12. '77)

„Schwester Anna, sehen Sie denn noch nichts?
Kommt Josef immer noch nicht geritten auf seinem weißen Pferd?"

Monatelang habe ich mich nun abgesondert. Auch von meinen Freunden. Und wenn ich bei ihnen war, blieb ich alleine. Auf Festen war ich alleine, tanzte alleine, trank alleine. Und ich wußte, daß es gut war so... Ich weiß mich von einem untrüglichen Instinkt geleitet. Während ich mich gleichzeitig schrecklich fürchte vor dem Weg, auf dem ich immer weiter schreite. Der innere Drang ist stärker als das dunkle Gestrüpp, das hinter mir zusammenschlägt. Ich muß wohl meinen Füßen gehorchen, die mich forttragen von den bekannten Pfaden, von Einladungen, von Vergnügungen. Und mir ist nicht klar, ob ich das Muttertier bin, das in Abgeschiedenheit seinen Wurf zur Welt bringen will, oder der kranke Elefant, der sich in den Sumpf verkriecht, um zu sterben. (Mai '78)

Es scheint mir destruktiv zu sein, Wissen zu erwerben, für das man noch nicht reif ist. Wissen kann man nicht vermitteln, meine ich. Man kann es nur an jemanden herantragen. So daß der etwas damit anfangen kann oder auch nicht.
Wissen ist etwas, was in einem reift. Zugleich mit Gefühlen, mit Erfahrungen; mit dem Bewußtwerden der religiösen Werte der Dinge; mit dem Gespür für die Stimmen deines Körpers, die sich auseinandersetzen mit allem, was dir begegnet. Mit dem „Ja"

oder „Nein“ oder „Vielleicht“, das dein Körper äußert im Blick auf Nahrung, Menschen, Gipfeln, Formen, Gewebe, Temperatur, Gerüchen. Versprechen...

Als ich sie heiratete, war ich ein Mensch, der nur geben konnte, der sorgte, der sich überlegte, wie es für den Anderen sein würde. Ich konnte nicht zulassen, daß ich geliebt wurde. Daß mich jemand lieben könnte, war ein Gedanke, der mir überhaupt nicht in den Sinn kam. Mich schätzen, ... ja. Nur auf dieser Grundlage konnte ich eine Beziehung eingehen. Wenn ich nur alle Fäden in der Hand behielt. Mehr konnte ich damals als Verhaltensgestörter nicht zulassen. Das war meine Begrenzung. Und auf dieser Basis stimmte meine Beziehung zu der Prinzessin. Selbst wenn ich ihr oft falsche Antworten gab auf Fragen, die sie nicht stellte.
Inzwischen haben wir uns beide verändert. Was mich betrifft: Ich möchte auch „bekommen“. Wesentliche Dinge, für die ich nichts tun oder bezahlen muß. Auch einige wesentlichen Dinge, von denen ich weiß, daß sie sie nicht – oder zu spärlich – für mich zur Verfügung hat. Und sie erwartet von mir wesentliche Dinge, die ich ihr nicht gebe und manchmal auch nicht geben will. Meine Grenzen sind meine Grenzen. Ihre Grenzen sind ihre Grenzen. Die Grenze ist der Ort, wo es aufhört. Wo ich aufhöre. Wo sie aufhört. Aber deshalb braucht sie noch nicht aufzuhören, wo ich aufhöre! Darum brauche ich noch nicht aufzuhören, wo sie aufhört! Wo für mich – an ihrer Grenze vorbei – wesentliche Dinge liegen, da will ich über diese Grenze hinweg suchen, was ich brauche. Ohne sie. Ohne mich mit Vorwürfen an ihr festzuklammern.
Weil die Gründe für diesen Schritt der Trennung so selbstsüchtig sind, sind sie auch so zuverlässig... Ich hoffe, daß das Verurteilen und der gute Rat von Freunden uns bei dieser Scheidung nicht vergiften werden. Amen. (Mai ’78)

Es ist ein Mann, der ganz alleine durch eine wilde Landschaft zieht. Er weiß nicht, ob er lebend davonkommen wird. Er ist hungrig. Seine Beine tragen ihn kaum noch, und in seinem Leib spürt er Schmerzen, die ihn zwingen hin und wieder anzuhalten und dem übergroßen Leid Luft zu machen.

Gleichzeitig wird eine Luftaufnahme von ihm in seiner Situation gemacht. Man sieht die Berge, einen Meeresarm, den Dschungel, unüberwindliche Schluchten, Obstbäume, Bäche, eßbare Pflanzen. Und mitten darin dieses winzige, untergehende Etwas. Derjenige, der die Luftaufnahme macht ist derselbe, der sich dort abplagt. Die Exaktheit und Sachlichkeit, die in diesem Registrieren von oben her liegt, könnte vermuten lassen, daß der Photograph grausam und kalt ist. Er ist jedoch ein zuverlässiger Helfer, der immer wieder neue Tatsachen ordnet und übersichtlich macht. Der die sich verändernde Situation jedesmal wieder notiert und von neuen Gesichtspunkten her beleuchtet. Solch ein Bundesgenosse dort oben über dir bedeutet nicht, daß du jetzt deine Augen nicht mehr für deinen Weg brauchst. Daß du dich nicht auch von den Gerüchen des Dschungels leiten lassen mußt. Daß du dich nicht auf deine Füße verlassen mußt, wenn sie den morastigen Boden abtasten auf der Suche nach festem Halt. Daß du dich nicht mehr vor der heißen Mittagssonne auf deinem Kopf hüten mußt oder vor der Nacht, die sich dir – wenn du nicht aufpaßt – zu tief in den Knochen einnistet. Dank des Bundesgenossen dort oben bin ich kein verlorener armer Schlucker. In dieser Krisenzeit habe ich erfahren, wie zuverlässig er ist. Das ändert nichts daran, daß ich mich manchmal verloren und zum Tode verurteilt fühle. Ich möchte ein wirkliches Zuhause haben, und das habe ich jetzt nicht. Und mein Leib schmerzt, weil er nicht alleine sein möchte. Nachts schrecke ich auf. Naßgeschwitzt. Furchtsam. Ich bilde mir ein, Todesschimmel zu riechen. Manchmal erwache ich mit einem Schluchzen. Manchmal mit schmerzendem Kiefer, weil ich die Zähne so fest aufeinander beiße. Laß nun deinen Diener in Frieden dahin fahren. Denn meine Augen haben genug Heil und Unheil gesehen. (Oktober '77)

Wenn ich den Elektriker um Brot bitte, und er hat es nicht, dann kann ich ihm das nicht vorwerfen. Drängen nützt auch nicht. Darauf hoffen, daß sich etwas ändert, hat wenig Sinn. Ich muß nur darauf achten, daß ich mit meinen Bedürfnissen an die richtige Adresse komme.

Wenn ich sage: „Ich lasse mich scheiden" und wenn die Leute hören, daß „ich mich scheiden lasse", dann – merke ich – sprechen wir von unterschiedlichen Dingen. Aus ihren Reaktionen höre ich heraus, daß sie meistens an Haß und Neid, an Bankrotterklärung, an abscheuliche Dinge, an Schande, an verlorene Jahre denken. Ich denke dabei mehr an einen Schritt vorwärts, den ich – dank dieser zehn gemeinsamen Jahre – zu tun wage. Ich denke an Säuberung, an Klärung. An das Lösen verwachsener Gewebe; an Umreißen eigener Identität; daran mir selbst den Freiraum zu sichern, den ich von innen her nötig habe. Ich denke „dabei" auch an Schmerz. An zu viel Schmerz.
Ich will wieder ohne sie sein. Ich will nicht mehr der liebe Atlas sein, der murrend ihre Welt trägt. Ich will da raus.

„Warum willst du dich scheiden lassen, wenn du Hanneke sehr liebst und wenn du jetzt so oft weinen mußt, weil du es tun willst?" fragt Julie-Anne mich.
Sie ist nun fast acht. Ich habe keine Antwort und schniefe nur so vor mich hin.
Nach zehn Minuten ist sie wieder da: „Wenn du einen Splitter in der Hand hast," sagt sie, „willst du immer, daß ich ihn herausziehe, weil ich bessere Augen habe. Das tut dir weh, wenn ich mit der Nadel hantiere. Und trotzdem willst du es so." (Juni '78)

7. Nähe

Ehe Himmel und Erde waren
geboren ohne Beginn
aus dem Nirgends.
Alleine.
Nicht unterworfen den Veränderungen
von außen her.
Immer in Bewegung
Vater und Mutter aller Dinge.
Wie soll ich dich nennen?
Lieber Friede? Gott? Tao?
Groß? Klein?
Pünktchen auf der Wand?
Unendlichkeit?
Riß im Vorhang?
Fluß der Gnade?
Brunnquell?
Sich verflüchtigend? Niemals weg?
Du entgleitest meinen Händen
entwischst jedem Zugriff
aber umgreifst mich
von allen Seiten.

Nah bei der kleinen Kapelle am Bergeshang sitzen sie auf einer groben Bank. Ein paar Veteranen aus Octopec üben auf ihren Instrumenten für übermorgen, Karsamstag. Sie werden bei der Prozession spielen. Es tönt recht verworren und völlig falsch. Neben ihnen stehen zwei Eimer Maisbier, bereits über die Hälfte geleert. Ein hölzerner Becher dümpelt darin herum, zu dreivierteln unter der dicken, schweren Schaumschicht verborgen. Hin und wieder nimmt einer einen Schluck, und dann wird der hölzerne Becher wieder in den Schaum eingetaucht.
Ich setze mich auf einen Holzbalken ihnen gegenüber. Als sie mit der Musik aufhören, wollen sie wissen, ob ich Spanier sei. Nein. Ein Amerikaner also? Nein, aus Holland. Also doch ein Amerika-

ner! Sie spucken ihre Galle mit hohem Alkoholgehalt auf Spanien, die Konquistadoren, auf die Spanier und die neuen Konquistadoren aus den Vereinigten Staaten. Sie geben mir von ihrem Maisbier. Es schmeckt bitter und steigt zu Kopf. Sie schöpfen aus dem Eimer, geben mir den Becher in die Hand und führen sie zum Mund. Ich biete ihnen holländische Zigarillos an, das Blechdöschen weit geöffnet, so daß die Zigarillos hochschnellen und zum Greifen bereitliegen. Ein etwas jüngerer Mann, leicht beschwipst und mit schwarzen, lachenden Zähnen, nimmt sich eine für den Mund und eine, um sie hinters Ohr zu stecken. Die anderen, die älteren lehnen mit einer Handbewegung ab, und ihr Körper weicht zurück. „Nur in der Hand", flüstert mir die jüngere Generation (etwa fünfzig Jahre alt) ins Ohr. Ich verstehe es nicht und bitte die älteren um eine Erklärung. „Nur wenn du etwas selbst in die Hand nimmst und dann mit deiner Hand in unsere Hände legst. Sonst ist es keine Gabe, sondern vorgehaltenes Almosen."
Ich gehe zu jedem einzeln mit den Zigarillos, berühre die Hände, reiche Feuer und was sonst noch alles dazugehört. Und nun beginnt das Gespräch. (April '77)

Nach einem Fußmarsch von mehreren Stunden komme ich nach Trasqueño zur Bushaltestelle der „Flecha Roja". Die Füße schmerzen. Ich bin müde. Ich sitze neben einer Indianerin, die einen Säugling von einigen Wochen oder Monaten im Tuch trägt. Ein unbewegliches kleines Bündel. Zweieinhalb Stunden brauchen wir für die achtzig Kilometer. Ich entdecke kaum ein Luftloch, wodurch es atmen könnte. „Es braucht auch nicht viel," beruhigt mich die Mutter. „Und wie lange trägst du das Kind so?" „Etwa ein Jahr. Aber schließlich wollen sie (über Kinder spricht man hier immer in der Mehrzahl) immer öfter raus. Sie fühlen es, wenn sie von mir fortwollen, ins Licht hinaus." Es gibt mindestens zehn solcher Winzlinge im Bus. So gibt es -zig Babys in Bussen. Hunderte von Kilometern weit. Ich höre sie nie weinen...
Hier hat man also ein Jahr lang Zeit, allmählich geboren zu werden. Angelehnt an den dunklen Körper deiner Mutter. Ihre verschwitzten Brüste in Greifnähe. So lange bis du selber fortwillst. (April '77)

Auf dem Marktplatz von Cuernavaca setzte ich mich neben zwei alte Weiblein auf eine Bank. Ich fragte sie erst, ob es erlaubt sei. „Si", sagten sie. Ich war müde und habe sonst nichts mit ihnen gesprochen. Nach einer halben Stunde bin ich wieder weitergegangen. Nachdem ich vor jeder eine kleine Verbeugung gemacht hatte. Sie strahlten... Ich fühlte mich ganz alleine und vollkommen glücklich...
...Ich habe hier für einige Tage ein billiges Hotel gefunden. Hosteria Peñalba. Matamoros y Degollado. Fünfzig Pesos für die Nacht. Ein verwildeter Patio mit Palmen und einem Springbrunnen, der nicht funktioniert. Paëlla gegessen. Mit großen und kleinen Garnelen. Verschiedene Muschelarten, die ich nicht kenne. Krabben. Huhn. Scharfgewürzte kleine Würstchen.
Zwei Hunde leisten mir Gesellschaft. Ein großer Schwarzer mit nacktem Körper auf hohen Stelzen und ein kleiner Kläffer. Sie lecken mir die verschwitzten Füße sauber und betteln um einen Bissen. Während ich langsam aber sicher den Krug Wein in mein ‚Dominium intrinsecum' überführe, schlafen sie zu meinen Füßen ein. Ich bin ihnen dankbar für ihre Gesellschaft.

Wir haben zusammen eine Flasche Wein gekippt und plaudern noch ein wenig auf der Schwelle aus Quadersteinen in Peñalba. Gegen Mitternacht macht Jack sich auf zu seinem eigenen Nest einige Straßen weiter.
Ich schaue ihm nach. Er stapft nicht fest über den Boden, sondern gleitet darüberhin wie Petrus über die Wellen des Sees. Die Schultern hochgezogen, den Kopf halb dazwischen verborgen. Die Arme schwingen während er geht. Nicht neben, sondern kingkongartig um den großen Körper. Es sieht aus, als ob ihm ein Sack Korn am Hals hängt, als ob die Arme die unsichtbare Saat aussähen und die Füße darauf achten, sie nicht zu zertreten. „Exiit qui seminat seminans semum suum." (Ein Sämann ging aus zu sähen.)
Er habe Rheuma, erzählt er. Besonders im rechten Oberarm. Manchmal habe er schreckliche Schmerzen. Spezialisten konnten ihm nicht helfen. Einer ließ ihn einen Aspirinstoß von fünf Tabletten pro Tag nehmen, sechs Monate lang. Einige Jahre verbrachte er in wärmerem Klima. Er sollte in Berkely studieren statt in Amsterdam.

„Das mit dem Aspirin habe ich nicht gemacht," sagte er: „Sie glauben selber nicht daran. Warum sollte ich denn daran glauben und mich damit vergiften?"
Seit einigen Jahren ist er nun schon in Berkeley. Das hat an dem sogenannten Rheuma nichts geändert. Aber als er Europa mit dem Schiff verließ, verschwand sein Magengeschwür während der Reise. „Als das Schiff vom Kai ablegte, wo meine Verwandtschaft mir nachwinkte, war es als ob mir buchstäblich etwas aus dem Leib gerissen würde. Ich wurde leibhaftig, in einer Operation ohne Betäubung, von meinem Vater- und Mutterland losgerissen. Der körperliche Schmerz war kaum zu ertragen. Aber allmählich merkte ich, daß ich durch diesen Eingriff von einem kranken Geschwür erlöst war.
In Berkeley habe ich festgestellt, daß diese rheumatischen Schmerzen manchmal ganz plötzlich aufhören. Wenn Corine bei mir ist. Sie berührt mich, wie ich noch nie berührt worden bin. An diese Medizin glaube ich. Aber nun ja, das gehört sich eigentlich nicht. Sie ist nicht frei. Werde ich jemals jemanden finden, der mir so gut tut, und mich doch nicht zu einem Gefangenen macht? Jemanden wie Corine?" (April '77)

Hallo Bruno,

seit kurzem weiß ich, was ich damit meine: Ich sehne mich nach der Nähe einer Frau. Ich meine damit: Zärtlichkeit und Dasein. Anrühren, aufrühren, aufgerührt werden, wirklich berührt werden von Händen, die mir sagen, daß ich in Ordnung bin. Daß es gut ist, daß ich bin so wie ich bin. Der Mut, schamlos zärtlich zu sein und Zärtlichkeit an mir geschehen zu lassen. Schamlos: dieses Wort gehört dazu. Und der Mut, was daraus an Wahrnehmungen hervorbricht wahrzunehmen. Es meinem nackten Leben zugestehen, daß es sich meldet mit unzensierten Lauten, die sich manchmal wie Schmerz und Kummer anhören. Oder wie die Raserei eines eingesperrten Tieres. Oder wie das Schreien des Geborenwerdens zu einem Leben, das sich nicht schickt, das eigentlich nicht sein soll, das aber ist. Mal eben, nur ganz eben, so wie ich bin, hineingehen in das Haus einer lieben Fremden. Eben bei ihr nachhausekommen und sie bei mir. In der Tiefe unseres gegenseitigen Erbarmens. Wo Freude und Trauer, Angst und Friede denselben Ursprung haben.

Paul

P. S. Sex ist: Wenn sie mich berührt und ich sie berühre. Sie dringt mir quer durch die Seele. Mein Leib erschüttert, weil ich so große Seligkeit nicht fassen kann. Bei ihr bin ich manchmal siebzehn, und auch sie ist siebzehn. Manchmal bin ich in den Flegeljahren bei ihr, etwa dreizehn. Manchmal ein Neugeborenes. Manchmal ein alter, weiser Mann.
Eigentlich möchte ich es laut hinaussingen. Aber dazu fehlt mir noch der Mut.

„Früher," sagte Beatrice, „liebte ich nur mit dem Unterleib. Etwa einmal in der Woche. Eine Nacht lang mit einem netten Kerl, den ich, wenn er mir über den Weg lief, irgendwo auf einer Party aufgabelte, oder auf einer Terrasse oder sogar einfach auf der Straße.
Aber mit Tom war das anders, ein ganzes Jahr lang. Als ich ihn liebte, liebte mein Herz mit. Und die kleine Grube in seinem Kinn war für mich genau so überwältigend wie sein Glied, das mich bis tief in den Bauch hinein liebkoste. Wenn er mir auf einem Stuhl oder auf dem Tisch stehend eine Lampe aufhängte, war das für mich genau so wirklich, wie wenn ich mit ihm ins Bett ging.
Nur mit dem Unterleib lieben finde ich nicht übel. Im Gegenteil. Es ist phantastisch. Aber wenn du einmal erfahren hast, was es bedeutet, nicht nur mit dem Unterleib zu lieben, sondern auch gemeinsame Dinge zu tun, dann kann man sich nicht mehr so leicht mit weniger zufrieden geben. Ich brauche jetzt auch nicht mehr so sehr einen netten Kerl für eine Nacht. Auch jetzt nicht, wo Tom mich verlassen hat.
Ich kann jetzt leichter alleine sein. Wenn ich alleine bin, werde ich nicht mehr so chaotisch. Ich habe hier innendrin ein Zuhause."

Juli-Anne (7 Jahre) hat ihre beste Freundin, Myra, sehr entbehrt, sagt sie. Sie haben sich drei Wochen lang nicht gesehen. „Ich finde es schrecklich langweilig, daß Myra nicht hier ist," wiederholt sie seit Tagen. Und plötzlich fügt sie hinzu: „Es ist zwar nicht schön, daß Myra nicht da ist, und trotzdem fühle ich mich froh, einfach weil es sie gibt. Ich finde es ganz toll, daß es Myra gibt!" (3. 1. '77)

8. Kontakt

Abstand und Nähe.
Einerseits bedeutet das Nicht-Zusammenfließen in der Nähe *(Konfluenz)* und also immer im Kontakt mit dem eigenen Grund und der eigenen Wertskala bleiben. Andererseits heißt es nicht verdorren im Alleinesein. Bei dem Anderen sein. Zumindest durch einige kleine Öffnungen in der Lauernuß.
Kontakt setzt Pole voraus. Unabgeschwächte. Wenn ein Pol überwiegt – zu viel alleine oder zu viel zusammen –, dann fällt der Strom aus oder es gibt einen Kurzschluß.
Kontakt ist ein subtiles Gleichgewicht zwischen Kraftfeldern, die sich scheinbar ausschließen. Abhängigkeit – Selbständigkeit. Ich bin für dich da – ich bin nicht für dich da. Ich erkenne dich wie mich selbst – wir sind völlig anders. Der echte Kontakt verändert mich. Ich verliere dadurch etwas: Ich kann mein Leben und meine Zeit nicht mehr alleine planen; alte Selbstverständlichkeiten fallen fort; ich kann nicht mehr leben, als gebe es ihn oder sie nicht; ich verliere meine einsame Freiheit. Mein Planet wird mit-bewohnt. Von einem lieben Fremden. Und ich gewinne etwas dadurch: Ich fühle, wie ich dadurch frei werde. Auf eine neue Art und Weise. Meine Ohren, Augen, der Mund, der Tastsinn öffnen sich, um Dinge zu hören, die schon hundert Mal gesagt worden sind, die aber erst jetzt zu mir durchdringen. Um Dinge zum ersten Mal zu sehen und zu fühlen, die ich vorher nicht bemerkt habe. Um es zu wagen Dinge zu sagen, an die ich vorher nicht einmal zu denken wagte…
Kontakt.
Was ist gut? Was ist böse? Was ist wirklicher Kontakt? Was nicht?
Deutlicher:
a. Welchen Abstand brauche ich hier und jetzt dir gegenüber, um gleichzeitig bei mir selbst zuhause zu sein. Und was tue ich, um dafür zu sorgen, daß ich genügend Abstand habe?
b. Welche Nähe brauche ich hier jetzt mit dir und welches Risiko gehe ich ein, um dieser Nähe eine Chance zu geben?

Teil III

Woher bezieht man in der Sozialarbeit seine Normen?

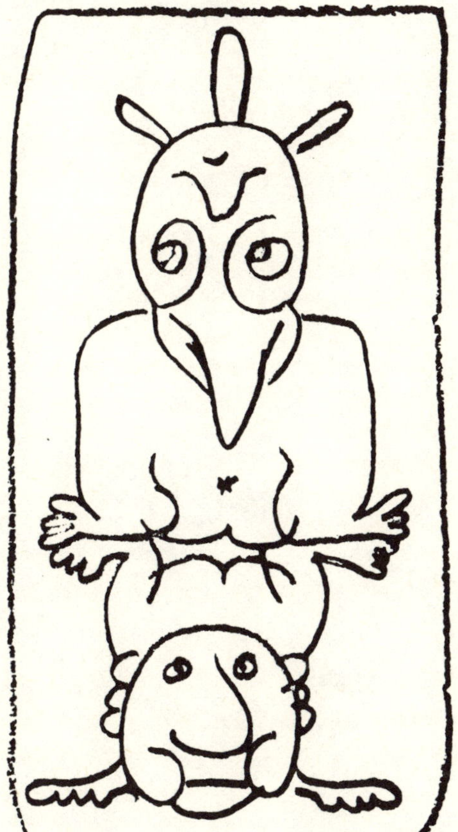

1. Die kleinen Helfer

Als ich meine ersten Trainings abhielt, hatte ich immer ein Heft bei mir, in dem alle möglichen Übungen standen, die ich vielleicht würde anwenden müssen.
Hatte ich mich festgefahren, dann ging ich austreten und kam nicht aus der Toilette heraus, bevor ich wußte, wie ich in der Gruppe weiternölen konnte.
Sitze ich da doch einmal auf einer Toilette, die ein bißchen klein geraten ist. Holländische Maße. Ich lege mein Heftchen auf die Brille und ziehe die Hose wieder hoch. Fällt es doch tatsächlich hinein! Naß bis auf Seite 60. Hätte ich doch erst die Spülung gezogen!

Ich habe als Teilnehmer in einem Training gesessen, bei dem der Trainer alles laufen ließ und so viel wie möglich schwieg. „Um die Macht nicht an mich zu ziehen," sagte er anbiedernd. Wenn man nur daran dachte, daß er vielleicht einen von den dreizehn Sätzen sagen würde, die pro Tag aus seinem Mund kamen, dann stand einem schon das Herz still.

Derselbe Mann sagte, daß er beschlossen habe, non-direktiv mit uns zu arbeiten. Das hatte er beschlossen. Im vorhinein. Ganz alleine. So wie die Eltern, die ihre Kinder anti-autoritär erziehen. Ob sie das wollen oder nicht.

Sie weinte. Zwei kurze Schluchzer und drei dicke Tränen. Dann putzte sie sich die Nase und holte tief Luft. „Wie schade," sagte der Therapeut, „daß du dich selbst nicht gehen läßt bis zu einem vollständigen Durchbruch. Es ist noch viel mehr da!"
Das stimmte. Es war noch viel mehr da. Literweise Tränen. Und ein Therapeut, der sich unsicher fühlte, wenn Klienten kleine Schrittchen machten, während er große Rechnungen schicken mußte.

Zunächst dachte ich: „Mal sehen, ob nicht etwas geschieht. Man weiß es nie. Dann können wir dort einhaken."

Aber nein. Es geschah nichts. Der Klient saß nur da. Die Hände zwischen den Knien. Vornübergebeugt mit hochgezogenen Schultern. Und hin und wieder schielte er zu mir hin.
Es geschah also nichts. Und ich konnte also nirgendwo einhaken.
Nach einer Weile dachte ich: „Brächte er doch mal etwas. Denn mit etwas kann ich etwas anfangen."
Aber nein. Er brachte überhaupt nichts. Er saß nur so da mit hängendem Kopf zwischen hochgezogenen Schultern. Die Hände zwischen den Knien. Und er schielte hin und wieder zu mir hin. Es machte mich ganz nervös. „Jesus," dachte ich, „Wenn doch nur etwas passierte und wenn er doch nur etwas brächte, denn so sitze ich hier umsonst."

Je ängstlicher und unsicherer Sozial-Therapeuten sich fühlen, desto mehr versuchen sie etwas zu „bieten". Dinge zu tun, die beweisen, daß sie selbst vorhanden sind und der Mühe wert sind. Dagegen kann man nichts haben.
Nun ist es allerdings so, daß Therapie nicht an erster Stelle dazu da ist, zu Tage zu bringen wie gut der Therapeut ist...

Ein zehnjähriger Junge wollte die Straße überqueren und war von einem Auto erfaßt worden und zwanzig Meter weit geschleudert worden. Er verlor Blut und war schlimm dran. Ein Arzt kam dazu. Er fragte die Herumstehenden, ob sie den Jungen kannten. Und ob es ein Personenwagen oder ein Lastauto gewesen war. Und ob er frontal angefahren oder von der Seite getroffen war. Und ob in der Familie des Jungen auch andere beim Überqueren der Straße frontal angefahren wurden. In der ersten, oder zweiten, oder dritten Generation.
Inzwischen ist der Junge still verblutet.

Ich frage mich jetzt manchmal: „Warum bin ich vor dreißig Jahren ein Menschenhelfer geworden?"
Ich brauchte Menschen so sehr, daß ich es keinem Menschen zu sagen wagte. Nicht einmal mir selber.
Von daher „erkannte" ich, daß Menschen mich brauchten.
Ich öffnete meine Pforten für Probleme. Tag und Nacht. Und fing Menschen. Wie in einer Reuse.
Menschen mit Problemen suchen jemanden, der Hilfe anbietet. Und das tat ich. Wenn sie mich nur dringend genug brauchten, fürchtete ich mich nicht mehr so sehr vor Kontakt. Ihre Probleme boten mir genügend Gestrüpp, um ihnen legitim zu entwischen, bevor ich erröten würde.
Ich war recht zufrieden darüber, daß sie mit ihren Problemen ankamen. Oft kamen sie dann selber mit, ohne daß es jemandem auffiel. Sie klopften an, die Reisetasche voller Sorgen. Und mit ihren Sorgen vertrauten sie sich selbst mir an. Menschen von Fleisch und Blut.

„Wenn du nicht genug Freunde hast, hältst du dich an deinen Kunden schadlos." (Ko)

Ivan. Großer, warmer Prophet in indianischer Kleidung. Versteckt in der Calle Dolores in diesem unscheinbaren Dörfchen. Tut er das wegen der Publizität? Um vor der Welt zu bestehen oder nicht zu bestehen? Wir sprechen über Sozialisation. Über Hanneke. Über lernen. Über Sachverstand. Über Sinn und Unsinn der Therapie.

Über alte griechische Litaneien. Über die Babys, die hier nicht weinen, warum sollten sie. Über logos spermatikos von Clemens von Alexandrien. Über Maurerhandwerk und Heimweh. Über Irgendwo-Zuhausesein. Über die Gefahr, die „wir ausgestoßenen Priester“ eingehen, einen Teil unseres Lebens mit dem Lecken alter Wunden verbringen. Und wie wir die Römisch-Katholische-Kirche – vorläufig die offenste Weltorganisation, die es gibt – schmälern könnten im Verhältnis zu dem Tritt, den sie uns in den Hintern gab... Uns gegenseitig erkennend plaudern wir in seiner Einsiedelei, in der er zwischen zwei Weltreisen wieder alleine ist

mit seinen Büchern. Viele Kirchenväter stehen dort. Ein altes Exemplar der Griechischen Litaneien liegt aufgeschlagen da: „Damit bin ich im Augenblick beschäftigt“... Wir lesen gemeinsam ein Stück.
Hin und wieder sehen seine Augen nichts mehr wirklich, sondern projizieren prophetisch die Dinge, die er sich wünscht und die er vor sich hinredend, heftig ausatmend, formuliert.
Wir stapfen durch die herbe Landschaft, während er indianische Gedichte rezitiert. Über den Gott, der der Lebenssaft ist all dessen, was wächst und sich bewegt. Über den Menschen, den es noch gar nicht so lange gibt.

Wie ein kleiner neunjähriger Junge geht er ein bißchen zu tapfer voraus. Mit zu großen Schritten die Hügel hinauf, so daß ihm der Schweiß den Nacken hinunterläuft und er mit den langen Beinen über einen Stein im Gras strauchelt.
„Emilio, como van las cabras“, ruft er etwas zu forsch dem Ziegenhüter oben auf dem Hügel zu. Emilio, ein vierzehnjähriger Indianer, sagte ohne Überzeugung vor sich hin: „Bien.“ Er sieht sich nicht um dabei. Geht geradeaus weiter. Und das Bübchen Ivan ist verwirrt.
Jetzt versucht der kleine Neunjährige wieder, mich zu ängstigen durch seine Geschichten über weiße und schwarze Skorpione im Bett. Über Schlangen im Gras. Sobald ihm das gelungen ist, versucht er, mich genauso beredt wieder zu beruhigen.

Gestern sagte der alte Santos: „Ich stamme von hier.“ Und er sprach Mexikanisch mit den anderen alten Leuten. Eine Sprache, die mit ihnen sterben wird. Und er versuchte, mir noch einige Sätze seiner Sprache beizubringen. „Ich stamme von hier“, wiederholte er und stellte dabei nachdrücklich den linken Fuß auf die rote Erde. Er bückte sich ein wenig und streichelte die Erde mit der rechten Hand aus einem Abstand von dreißig Zentimetern...

„Gehörst du hierher?“ frage ich Ivan, der inzwischen wieder sein mittleres Alter angenommen hat. „Nein“, sagt er. „Nach fünfzehn Jahren kenne ich mich hier wohl aus. Um Okotepec herum kenne ich jeden Baum und jeden Strauch. Und das sind ebensoviele Gründe, hier nicht fortzugehen.

Aber ich gehöre nicht hierher wie Santos. Ich habe hier wohl meine Freunde. Und das sind wiederum soviele Gründe nicht fortzugehn. Und ich habe hier meine Hütte im Garten von V. Und das ist ein sehr schwerwiegender Grund, hier nicht fortzugehn."

Einige Tage darauf erzählte ich ihm von meiner Phantasie über die beiden Ivans. „Der erwachsene, prophetische Ivan ist nur eine Rolle," sagte er, „die ich mehr oder weniger gut spiele und spielen will. Der kleine Ivan bin ich wirklich." (April '77)

Wen macht man zu Helfern?

Einige Menschen werden Sozialarbeiter, Priester, Therapeut, Psychiater, Pfleger, kurz: Menschenhelfer oder -helferin. Nun könnte es ja sein, daß besondere Merkmale, die in dieser Gesellschaft an diesem Beruf kleben, bei der Wahl mitspielen. Vor allem, wenn sich die Kandidaten dieser Berufe sich dessen kaum bewußt sind.
Man bekommt in diesem Beruf die Gelegenheit, mit vielen Menschen Kontakt zu haben. Das ist gewährleistet. Das ist deine Aufgabe. Es wäre möglich, daß dies mitspielt bei der Wahl dieses Berufes.

Deine Kunden brauchen dich. Sie sind in Not, und du bist derjenige, der helfen kann. Du hast den Schlüssel zu einem lebenswerteren Dasein. Sie sind abhängig. Sie fühlen sich klein. Für sie bist du groß. Sie sind nirgendwo. Du bist irgendwo. An deiner Seite liegt das, weswegen sie um Hilfe bitten. Und du hast die Gesellschaft hinter dir stehen. Ihre Chancen in der Gesellschaft oder in ihrer Ehe liegen zum Teil in deiner Hand. Es wäre möglich, daß dies mitspielt bei der Wahl dieses Berufs.

Man wird dafür bezahlt. Auf jeden Fall. „No cure no pay" gilt hier nicht. Es ist eine Art finanzieller Bestätigung für deinen Beitrag an der Beziehung. Jedenfalls muß man sich dir gegenüber dankbar erweisen, und das wird meistens finanziell ausgedrückt. Mißlingt der „helfende Kontakt", dann liegt das daran, daß manche Kunden nicht motiviert sind. Du kannst dann mal

mit Kollegen oder mit einem Supervisor darüber sprechen, damit es dich nicht persönlich bedrücken wird.
Es wäre wohl möglich, daß dies mitspielt bei der Wahl dieses Berufes.

Menschen kommen zu dir mit ganz intimen Dingen, es fällt ihnen nicht leicht, darüber zu reden: Versagen, Angst, Impotenz, Verstörtsein, verrückte Phantasien. Sie enthüllen sich. Sie überlassen sich dir in nacktem Vertrauen, ohne daß du ihnen dein Vertrauen schenken müßtest.
Es wäre doch möglich, daß dies mitspielt bei der Wahl ein Menschenhelfer zu werden.
Die Risiken, die mit jedem Kontakt verbunden sind, liegen in diesen vertraulichen Kontakten immer bei demjenigen, der sich auszieht. Der Helfer ist nie auf der Soll-Seite.
Nun wäre es möglich, daß dies mitspielt bei der Wahl dieser Berufsrichtung.

Die erste Zielsetzung in der therapeutischen Beziehung ist, daß in dieser Beziehung zumindest einer gesund bleibt. (= kühler Kopf, warme Füße, regelmäßiger Atem, ruhiger Puls). Vorzugsweise ist das natürlich der Therapeut. Sonst bekommst du verwaltungstechnische Schwierigkeiten in Bezug auf die Anerkennung der Honorarkosten an die befugte Instanz. Deshalb hat man in diesem Beruf eine ganze Latte von Techniken, Methoden, Theorien und Kollegen zur Verfügung, die dafür sorgen werden, daß du als Therapeut immer die Fäden in der Hand behältst. Daß du „aufrecht“ bleibst.
Es wäre möglich, daß dies mitspielt bei Menschen, die sich für diese Arbeit bewerben.

Inserat
Gesucht: Ängstliche Menschen mit Kontaktschwierigkeiten, die in beschützter Umgebung unter der Flagge eines Berufes versehen werden mit Beziehungen, gegen gutes Gehalt nach tariflicher Regelung.
Versichert gegen alle Risiken.

„Seit Monaten gehe ich jede Woche zum Psychiater," erzählte sie. „Und der stellte mir zu Anfang stereotyp seine einfache klassische Frage: Und wie geht es dir im Augenblick? Das sagte er, ohne mich anzusehen, mit dem Stift in der Hand.
Eines Tages ging mir das auf den Geist, und bevor er auch nur ein Wort sagen konnte, fragte ich ihn: Doktor, und wie geht es dir im Augenblick?" (Agnes)

Weil Therapie mit Liebe zu tun hat, hat sie auch mit den Karikaturen der Liebe zu tun. Von der sie auch alle bekannten Erscheinungen annehmen kann.
Zum Beispiel die von der Nächstenliebe-von-oben-nach-unten. Wo diejenigen, denen geholfen wird, kleiner werden.

Wenn ich immer nur der Gebende bin (bin?), werden die Anderen immer mehr die Empfangenden. Klein und abhängig. Ich werde leer. Es strömt nichts zurück, wenn dies der Trend ist, nach dem ich mit Menschen arbeite.
Was ich ihnen dann nicht gebe: Vertrauen.

Verwirrung

Bei der Betroffenheit und Ergriffenheit der Helfer spielen oft verwirrende Einzelheiten eine Rolle.

Erstens: Ist uns Helfern überhaupt noch deutlich bewußt, wie bitter nötig wir die Klienten brauchen? Und wird diese Tatsache offen und ehrlich dargelegt in unserem Kontakt mit dem Klienten? Wirklich? Ist er oder sie denn dann noch Klient? Das Ausbauen von Liebes- oder Freundschaftsbeziehungen gehört zum Zusammenleben. In einer kleinen Gemeinschaft. Oder in einer größeren. Familie. Bezirk. Nachbarschaft. Weitere Umgebung. Es gehört jedoch nicht zum berufsmäßigen Auftreten des Fachmannes oder der Fachfrau. Dafür haben sie auf diesem Gebiet zu viel Macht und ist die Beziehung zu ungleich.

Das bedeutet nicht, daß ich als Fachmann meine Klienten oder Studenten nicht zugleich auch gernhaben darf. Dem entkomme ich nicht. Glücklicherweise. Aber dieses auszubauen und zum Ziel der Stunden zu machen, die ich arbeitend mit ihnen verbringe, scheint mir keine saubere Situation zu sein. Wenn ich mit dem Einen oder Anderen darüber hinaus Kontakt haben möchte, dann werde ich aus meiner Rolle des Sachverständigen aussteigen müssen und einen anderen Ort und eine andere Zeit dafür wählen.

Wenn wir Therapie und Sozialarbeit ansehen als eine recht intime Beziehung zu „Freunden", die in Not sind und die uns über den Weg laufen und denen wir Aufmerksamkeit, Trost, Mitempfinden, menschlichen Kontakt bieten wollen, dann ist qualifiziertes, diplomiertes Fachwissen nicht erforderlich, und wir sollten uns sicher nicht darauf „berufen". Dann ist es nicht unser Beruf. Und dann kann ich nicht auch noch damit mein Brot verdienen wollen. Von Fall zu Fall könnte ich dann höchstens einmal um eine Gegenleistung bitten. Aber damit systematisch den Unterhalt zu verdienen wäre ungut. Dann können sich besser Menschen untereinander begegnen, als daß sie Sozialarbeitern in die Arme laufen. Dann sollten wir lieber mithelfen, daß die Isolation zwischen Nachbarn und Miteinwohnern in Stadt und Land durchbrochen wird. Wir sollten lernen, uns über die wesentlichen menschlichen Dinge miteinander auszutauschen, anstatt die menschlichen Werte von Freundschaft und Zuwendung auf dem sozialen Markt zu „kaufen" – so als ob es eine Ware wäre. Wenn Freundschaft und Vertrauen zur Handelsware werden oder eventuell umsonst über offizielle Wohltätigkeitsanstalten erlangt werden können, anstatt von Mensch zu Mensch im schlichten Miteinander als Gnade gegeben und empfangen zu werden – in was für einer Gesellschaft leben wir dann?

Zweitens: Mit meiner Liebe, mit Haus und Familie, mit meinen Freundschaften kann ich nicht jedem offenstehen, der anruft oder zu mir geschickt worden ist. Und meine Freunde will ich selbst auswählen können.

Eine Beziehung der Liebe kann ich nur mit einigen wenigen Menschen eingehen. Mit einem Partner und einigen Freunden und Freundinnen. Damit ist dann Schluß. Nicht etwa, weil ich herzlos wäre, sondern weil ich nur ein Mensch bin und meine

Sorge und Liebe nicht in -zig Richtungen verströmen kann. Viele Richtungen verzetteln mich. Verzettelt kann ich keine stetige Liebe und Sorge haben. Eine Beziehung der Liebe braucht Pflege. Sie muß genährt werden durch Anwesenheit. Anwesenheit pflegen geschieht in der Zeit. In meinem Terminkalender. Nach Prioritäten. „Dasein" pflegen, „Zur Verfügung sein" pflegen, bedeutet sich entscheiden für manchmal beglückende und manchmal beklemmende gegenseitige Abhängigkeit. Um auf Dauer sich auf einander verlassen zu dürfen. Wenn ich mich aber nach allen Richtungen ausdehne, wo bleibe ich dann? Wenn sich immer wieder so ziemlich jeder auf mich verlassen kann, wer kann sich dann noch auf mich verlassen? Wird dann das Gold meiner Liebe nicht sehr bald abgewertet sein, wenn ich davon so viel auf den Markt werfe?
Das Modell der Liebe erscheint mir darum auch nicht nur eine Utopie zu sein, sondern überdies ein Angriff auf die Liebe, eine eingebildete Gaukelei für mich selbst und Opium für das Volk. Im Modell der Liebe wird der rettende Helfer selber auch zum Opfer seines Unternehmens. Wer sich über längere Zeit zum Retter macht, ist verloren für intimeren Kontakt. Der Retter haust per definitionem oben und derjenige, der gerettet werden muß, ist unten. Sie begegnen sich nicht auf derselben Etage. Der fulltime liebevolle Retter geht am Abend nach Hause und spürt, daß ihm der Bauch geschwollen ist. Es sind heute so viele Atmosphären anderer Leute in ihn eingedrungen, und er hat sich nur wenig Raum für sich selbst vorbehalten. Er steckt voll mit den Problemen, die auf ihn zukamen. Die Menschen hat er verpaßt.
Was kann er tun?
Er kann ein paar Winde lassen, um ein bißchen leerer zu werden. Oder vielleicht ist sein Partner auch ein freundlicher Helfer und fängt ihn auf. So wird der Kreis der Menschen, die sich nicht begegnen, weiter ausgedehnt.

Die vielen Dinge

Ich habe immer stärker das Bedürfnis, irgendwo einen ruhenden Pol zu haben. Nicht zu viele neue Dinge zu unternehmen. Genießen, Umsorgen. Umsorgt werden.

Werde ich alt? Fast fünfzig bin ich. Ich muß mich daran gewöhnen, daß ich nicht mehr „allem“ gewachsen bin. War ich denn früher „allem“ gewachsen?
Manchmal überfällt mich wieder die Sehnsucht nach Unendlichkeit. Ich möchte gerne noch hundert Jahre leben, denke ich dann. Ist das meine Art und Weise mich mit dem Tod zu beschäftigen? Ich würde gerne noch so vieles unternehmen. Aber die Zeit reicht nicht. Ich muß eine Auswahl treffen. Und das bedeutet: Neinsagen zu hundert Dingen, um sorgfältig die Fäden weiterspinnen zu können, die ich auf jeden Fall weiterspinnen will. Die Disziplin der Beschränkung. An vielen Dingen sterben, um wirklich zu leben und mich nicht durch das Unendliche umwerfen zu lassen. Und trotzdem gerate ich immer wieder in den Bann von „Allem“: den vielen Dingen, die mich dann verzetteln. Die mir dann das bescheidene und doch lebendige Vergnügen rauben am Hier – und – Jetzt und Diesem.
Ist das die Krankheit der Menschen in helfenden Berufen?

Marijke erzählt mir (Februar ’78):

„Ich versuche meine Klienten in mein normales Leben mit einzubeziehen. Ich kaufe mit ihnen Kleider ein, gehe zum Schwimmen und wandere mit ihnen. Wir trinken zusammen irgendwo eine Tasse Kaffee. Sie nehmen für kurze Zeit teil an meinem Leben. Ich merke, daß es ihnen gut tut. Mehr als alles Reden. Auf diese Art werde ich niemals viele Klienten verkraften. Dazu kommt noch, daß es mir schwer fällt, dafür auch noch Geld zu verlangen. Andererseits muß ich ja auch leben, und es gefällt mir, Geld zu haben. Ich lasse mich mal eben „gebrauchen“. Und dafür bezahlt man.“

Das Prostitutionsmodell

Daher stimmt meiner Meinung nach das Prostitutionsmodell innerhalb der hilfeleistenden Berufe viel mehr mit der Wirklichkeit überein. Es erscheint mir da, wo wir vielen Menschen intim nähertreten, ehrlicher und mit mehr Achtung vor dem Anderen. Sie dürfen uns für kurze Zeit benutzen. Uns nahe kommen. Und dafür bezahlen sie. Mit Geld. Bar auf die Hand: So ist es am deutlichsten. Oder verhüllter, auf dem Umweg über Sozialfürsorge, die erteilt wird, weil jeder durch seine Steuern daran mitbezahlt. Sie bezahlen uns Sozialarbeiter, Therapeuten, Priester und Pfarrer außerdem mit ihrem „Danke schön für die Hilfe". Das gibt den Helfern wieder Auftrieb. Das wirkt wie Dünger auf magerem Boden. Eine Prostituierte braucht nicht nur Moneten, sondern auch, daß ihr mal jemand wohlgemeint und zu Recht sagt: Du warst prima!

Der Vorteil des Prostitutionsmodells liegt darin, daß man nicht aneinander kleben bleibt, wenn das, worauf es ankam, geschafft ist. Es wird ein klarer Strich gezogen, und man beginnt ein Neues. Man läßt sich gegenseitig los. Der Klient zieht sich die Hose wieder hoch und die Jacke wieder an. Denn draußen ist es kalt. Er bezahlt. Er schaut sich noch eben um, ob er nichts vergessen hat und geht. Seiner eigenen Wege. Das ist wichtig für eine gute therapeutische Beziehung. Sich kurz nahe sein. Und dann wieder völlig loslassen. Die gegenseitige private Lebenssphäre nur innerhalb der Vertragsgrenzen teilen.
Ein anderer Vorteil des Prostitutionsmodells ist der, daß es eine Menge Schuldgefühle vermeiden oder nehmen kann. Es geschieht nämlich leicht, daß man sich schuldig und gehemmt fühlt den Klienten gegenüber, die sich mit ihren Problemen schwertun: Er sitzt dort ja so ganz alleine auf seinem kleinen Bauernhof an der Vecht, jetzt, wo seine Frau ihn verlassen hat. – Kann man ihn wohl alleine lassen mit seinen sich wiederholenden psychotischen Anfällen, durch die die Grundfesten seines gewohnten Lebenssystems erschüttert worden sind? – Muß ich nicht eigentlich weiter für ihn oder sie sorgen? Ich muß Tag und Nacht, zumindest telefonisch, erreichbar bleiben. – Usw... Ich habe denn auch festgestellt, daß es am Ende einer therapeutischen Beziehung den Helfenden am schwersten fällt, wirklich Abschied zu nehmen. Den anderen los zu lassen. Glaubten sie insgeheim doch an ein unmögliches Liebesmodell? Wer brauchte wen? Und wie sehr?
Ein weiterer Vorteil des Prostitutionsmodells ist der, daß der Klient dadurch klarer sieht, daß er oder sie letztendlich alleinverantwortlich ist und nicht die Kuckuckseier seiner oder ihrer Erwartungen in das Nest eines anderen legen kann. Nicht einmal mit dem Überweisungsschein des Hausarztes. Der Klient

wird ernst genommen, auch wenn er Probleme hat. Er ist jemand, der sein Leben selbst in der Hand behält.
Selbstverständlich ist es wichtig, daß der Klient auch Liebesbeziehungen eingehen kann. Das sollte er aber nicht mit jemandem, der ihn bald wieder ganz los – und damit also im Stich läßt.

Es muß natürlich nicht unbedingt zum Nachteil sozialer Arbeit gereichen, wenn eigene Interessen und Bedürfnisse der Helfenden bei der Wahl ihres Berufes mitspielen. Im Gegenteil. Denn dadurch werden sie bis ins Innerste motiviert, und ihre Arbeit ist zugleich ihr Ideal. Wo findet man das in anderen Berufen!
Und sie wissen es aus eigener Erfahrung, wie schwierig es ist, Kontakt zu anderen Menschen zu bekommen.

Empathie, Sympathie

Menschen in helfenden Berufen verwischen häufiger ihre Grenzen und die ihrer Klienten, und das nennen sie dann gerne Empathie oder Sympathie. Sympathie nennen sie es, wenn sie so sehr beteiligt sind am Klienten und seinen Problemen, daß sie ihm keinesfalls weh tun möchten. Sie wagen keine Forderung mehr zu stellen und können von der Situation nach allen Regeln der Kunst manipuliert werden. Aus „Sympathie" unterstützen sie den Klienten in seinen Problemen derart, daß der nicht mehr im Traum daran denkt, auf eigenen Füßen zu stehen. Empathie nennen sie es dagegen, wenn sie gefühlsmäßig mit dem anderen mitzittern und mittreiben, so daß sie im Grunde Mit-Klient werden: mittreiben auf dem Strom von Traurigkeit, Empörung, Mutlosigkeit, Aussichtslosigkeit. Sie verlieren den Fokus aus den Augen, sie halten den Atem an. Zu Beginn der Therapie steckte einer in der Klemme ... in kürzester Zeit sind es zwei. Ein Gewinn von Hundert Prozent.

Es gibt viele Menschen, die deshalb ungeschickt sind für den Beruf eines Therapeuten, weil sie sich (oder so lange sie sich) durch ergreifende Dinge ergreifen lassen. Sie haben nicht genügend Abstand. Denn das ist das Gefährliche an ergreifenden Dingen: sie ergreifen dich. Jemand steckt in der Klemme, und das ist derart ergreifend, daß du mit in der Klemme steckst – eh du dich's versiehst.

Falsche Formen der Sympathie oder der Empathie entstehen aus Mangel an Abstand. Der Klient kann sich dann nicht mehr auf den Helfer verlassen, denn der hat das, was gerade läuft, nicht mehr im Blick. Der Bundesgenosse vom anderen Planeten fehlt; es gibt nur ein Mit-Opfer vom selben Planeten, vom selben neurotischen System.

Empathie = Jemanden so ernst nehmen wie sich selbst. Aber Voraussetzung dafür ist, daß du dich selber ernst nimmst, sonst ist es Betrug.

Empathie = Dich selbst auf der Wellenlänge des anderen empfinden. Eine kurze Strecke mitgehen, aber immer wieder zu deinem eigenen festen Ort zurückkehren, damit du gesund bleibst und von außen her klar sehen kannst, was vor sich geht. Andernfalls kannst du nicht helfen.

Empathie = Ein Pendeln zwischen der Welt des anderen und deiner eigenen Welt und immer wieder nach Hause zu dir selbst zurückkommen. Sorge tragen, daß du gesund bleibst und den Humor nicht verlierst. Mitempfinden ohne mitgeschleift zu werden. Nicht mit hineingehen in die Uferlosigkeit der bleischweren Emotionen. Die Grenzen zwischen mir und dir klar erkennen. Nur so bleibt Kontakt möglich.

2. Die Fachleute rücken heran

„Die Fachleute rücken heran!
Gedenke, Klient, daß Du nicht befugt bist
Dein Leben zu lenken!"

Kritik an der Spezialisierung und Institutionalisierung der Sozialen Arbeit

Versucht er es nur mit der Liebe, dann geht es schief. Versucht er es nur mit Sachverstand, dann gelingt es dem Berufshelfer ebenso wenig. Es ist furchtbar schwierig als Berufshelfer die richtige Rolle und den richtigen Ort zu finden. Das liegt nicht nur in der Person begründet, sondern hauptsächlich an der Struktur der Sozialen Arbeit selbst.

Das Vorhandensein von Sozialer Fürsorge ist nämlich noch keine Garantie dafür, daß es sozialer zugeht. Daß die Sozialarbeiter agogische und therapeutische Methoden und Techniken erlernen, heißt noch nicht, daß Hilfe deshalb schneller und besser geleistet wird. Die sogenannte Demokratisierung der wohltätigen Einrichtungen und kulturellen Institutionen, von Tageskliniken und Präventionszentren, hat im allgemeinen nicht zu einer Situation geführt, in der der Klient seine eigenen Interessen autonomer angehen konnte.

Intensivere Hilfsprogramme haben meistens nicht mehr Resultate gebracht.

Die Entwicklung auf dem Präventivsektor, über die sogenannte Frühdiagnose oder über Bewußtmachung sogenannter latenter Bedürfnisse, hat keine gesundere Entwicklung der Bevölkerung gezeitigt. Viele Menschen, die sich pudelwohl fühlten, sind durch präventive Programme erst abhängig und ohnmächtig geworden und mußten danach in eine Therapie gehen. Und ist solch ein Entschluß – der Entschluß, deine eigenen Angelegenheiten nicht mehr selbst in der Hand zu behalten – nicht eine Krankheit, die mindestens so schlimm ist, wie alles, was man sonst „haben" könnte?

Im Prinzip braucht jeder präventive Hilfe. Seit Caplan (1964) wird die präventive Fürsorge immer stärker auf „Zielgruppen“ gerichtet, von denen man erwartet, daß sie eine Krise erleben werden.
Aber wer gehört dazu? Frauen natürlich. Männer sowieso. Studenten selbstverständlich. Aber auch berufstätige Jugendliche. Die geschiedenen Partner. Die nicht-geschiedenen Partner. Ledige Mütter. Verheiratete Mütter. Arbeitslose. Berufstätige. Homosexuelle. Und die Millionen Menschen, die anscheinend auch sexuelle Probleme haben. Bewohner einer Etagenwohnung. Und die wohnungssuchenden Pärchen, die einfach keine Wohnung bekommen können ... Dagegen müssen dann überall Sachkundige eingesetzt werden. So wird jeder zum Hilfsbedürftigen gemacht, wenn er Probleme hat, oder Schwierigkeiten bekommt, oder in einer neuen ungewohnten Situation landet. Dann muß die präventive Hilfe aufgrund all der zunächst verborgenen und später zur Schau gestellten Bedürfnisse bis ins Uferlose ausgeweitet werden. Und die Bevölkerung wird immer stärker behaftet mit Abhängigkeit von Sozial-Experten.

Die krankmachende Struktur, die Ivan Illich in der Sozial-Medizin aufdeckte, ist in der sozialen Fürsorge ebenso auf dem Vormarsch. Zu vielen Formen der Sozialarbeit möchte ich darum ein großes Fragezeichen setzen, weil sie die Abhängigkeit des Klienten verstärken oder überhaupt erst verursachen. Abhängigkeit ist ja immer noch das Kriterium für das Fehlen selbständigen Wohlergehens und geistiger Gesundheit.
In dem Maße wie immer mehr soziale Einrichtungen geschaffen werden, die – und sei es bloß durch ihr Vorhandensein – die Abhängigkeit ganzer Bevölkerungs- oder Zielgruppen akzentuieren oder vergrößern, nimmt die Energie ab, die Menschen oder natürliche Gruppen haben, um ihre eigenen Probleme selbst zu lösen. Ihre geistige Widerstandskraft erschlafft. Die nicht-professionellen Möglichkeiten innerhalb von Bevölkerungsgruppen verringern sich. Menschen glauben immer weniger an sich selbst und immer mehr an das Angebot professioneller Kräfte. Auf diese Weise wird ein ständig wachsender Teil der Weltbevölkerung zum Patienten gemacht, wie es bereits auf dem Gesundheitssektor der Fall ist.

Die Sprache, die die qualifiziert Tätigen in sozialen Berufen immer häufiger benutzen, gibt ein deutliches Bild von der derzeitigen Entwicklung. Ihr abstrakter Jargon verhüllt – mit einem Mindestmaß an Inhalt und einem hochgestochenen Anspruch – was sie überhaupt oder auch nicht zu geben haben. Es ist genau so wie bei den Medizinern. Zu Unrecht bekommen Klienten dabei den Eindruck, daß sie selber strohdumm sind auf einem Gebiet, auf dem sie nun doch wirklich die eigentlichen Sachkundigen sind: Das Gebiet ihrer eigenen Gefühle, Erfahrungen und Beziehungen. Indem sie in die Fänge der sozialen Hilfeleistung geraten, gehen sie das Risiko ein, strohdumm zu werden, weil sie ihre eigenen Bewußtseinsstrukturen verlassen und ihre Erwartungen auf Fachleute richten, die in ihrer weihevollen Hokus-Pokus-Sprache viel versprechen, wenig geben und sehr viel nehmen. Viele der sogenannten Bedürfnisse von Bevölkerungsgruppen, auf die sich die fürsorgerische Arbeit richtet, sind überhaupt keine Bedürfnisse, die aus den Gruppen selbst erwachsen sind, sondern Bedürfnisse, die durch soziale Einrichtungen allmählich gezüchtet worden sind. Das Angebot

sozialer Hilfe (Sozialarbeit, Förderung, Therapie) wird als „Ware" auf den Markt geworfen für eventuelle Kunden oder Konsumenten, und mehr und mehr werden die Verkaufstechniken unserer Tauschwertökonomie auf dem Sektor Sozialer Arbeit eingesetzt.
Das Angebot der Hilfeleistungsproduzenten drückt der Hilfeleistung immer mehr seinen Stempel auf. Dadurch wird dann aber auch die ganze Hilfeleistung ins Gegenteil verwandelt. Ebenso wie auf dem Tauschwert-Markt von Industrie, Handel und Kapital sind es nun nicht mehr die Bedürfnisse, die für das, was produziert wird, maßgebend sind. Produkte und Waren werden angepriesen, für die Markt und Nachfrage erst künstlich geschaffen wurden.
Nun ist es die einfachste Sache, auf sozialem Bereich einen Markt zu schaffen, den es vorher noch nicht gab. Die grundsätzliche Vorarbeit ist bereits durch Industrie und Reklame für mehr und mehr Konsumgüter geleistet worden. Bei den potentiellen Klienten ist die Grundhaltung dafür schon recht gut eingebleut worden durch die Schule und durch die verschiedensten Informationen, die durch die Wohlstandsgesellschaft weitergeleitet werden. Das soziale Wohlergehen des Menschen ist dabei so grenzenlos, daß man unverfroren mit sehr einleuchtenden Gründen eine Unzahl von Sozialarbeitern und Hilfeleistenden braucht. Die Soziale Arbeit kennt auf diesem Weg keine Grenzen mehr und wird immer mehr Bereiche des Lebens beherrschen wollen. Zumindest:
solange sie bestimmt, was Menschen brauchen;
solange sie bestimmt, welche Methoden dazu nötig sind;
solange sie bestimmt, was für den Klienten gut ist oder nicht;
solange sie bestimmt, was echt ist und was nicht;
solange sie bestimmt, was die richtigen Planungen zur Hilfe und die Behandlungsstrategien sind;
solange sie bestimmt, was Klienten aushalten und was nicht;
solange sie bestimmt, in welcher Richtung Veränderungen erwünscht sind und in welche nicht.

Um diese Entwicklungstendenz realisieren zu können, ist sehr viel Geld nötig, dazu eine stets kopflastigere Spitze von teuren Spezialisten.

Es erscheint ziemlich unwahrscheinlich, daß dem Sozialwesen hierfür immer größere Subsidien gewährt werden.
Trotzdem gibt es auch progressive linke Gruppen, die unbedacht dafür plädieren, immer mehr Geld und Fachkräfte für alle sogenannten Präventivprogramme und alle sogenannten Zielgruppen zur Verfügung zu stellen. Dabei haben Untersuchungen gezeigt, daß Zielgruppen oft noch am besten zurechtkommen, wenn sie sich alleine zu helfen versuchen und ihre Angelegenheiten selbst in der Hand behalten. Schließlich ist Autonomie und sich selber, so gut es geht, behelfen können immer noch das beste Zeichen für Energie und geistige Gesundheit.
Nicht alle sozialen Errungenschaften sind eo ipso ein Gewinn für die Arbeiterschicht. Im Gegenteil. Durch manche fürsorgerische Maßnahme wird die Arbeiterschicht wieder aufs Neue unterjocht, und zwar einer neuen besitzenden Schicht. Der besitzenden Schicht der Sachkundigen.
Eine radikale Einschränkung der Zuschüsse an das Sozialwesen – nicht schlichtweg, weil kein Geld das ist, sondern durch tatsächliche Entlassung tausender Klienten aus der Bevormundung – könnte vielleicht der wirkliche soziale Gewinn sein für große Schichten der Bevölkerung. Daß dabei zugleich eine große Anzahl von Arbeitsplätzen für Sozial-Hilfeleistende verloren geht, scheint mir eine positive Sache zu sein.

Aus den vorausgegangenen und zusätzlichen Überlegungen und Erfahrungen frage ich mich immer mehr: WO liegt denn nun die Aufgabe des Fachmannes, des Sachkundigen?
Obenstehende fundamentale Kritik an den kranken Spezialisierungs- und Institutionalisierungstendenzen soll kein Angriff gegen Institutionen des Sozialwesens oder die notwendige optimale Sachkunde der Mitarbeiter sein. Es ist auch kein Angriff gegen die Sozialarbeiter und Therapeuten als solche. Ich bin einer von ihnen und möchte das auch vorläufig bleiben, weil ich an die Arbeit glaube, die wir tun und weil ich denke, daß diese Arbeit in dieser Gesellschaft im Augenblick unentbehrlich ist. Allerdings will ich die Strukturen, nach denen wir arbeiten, und die Arbeitsmodelle, die wir benutzen, kritisch im Auge behalten. Denn meiner Ansicht nach machen wir möglicherweise durch die Strukturen, in deren Begrenzung wir arbeiten, und durch eine falsche Ortsbestimmung unserer sachkundigen

Arbeit wieder zunichte, was wir mit viel Sorge und Mühe versucht haben aufzubauen. Tatsächlich kann unser wertvollster und sachkundigster Einsatz – als Teil eines krankmachenden Ganzen – die unterminierenden Tendenzen festigen und verstärken.

Meiner Meinung nach beschäftigen wir uns innerhalb der Sozialarbeit und der Therapie zu einseitig mit dem, was wir tun, und zu wenig mit dem großen Umfeld, in dem wir es tun, sowie mit der Art und Weise wie Fachkenntnisse angeboten werden. Mit anderen Worten: Wir sind zu sehr beschäftigt mit dem WAS wir tun und zu wenig mit dem *strukturellen* WIE und WO wir unsere Arbeit tun. Und doch hängen meiner Ansicht nach die gesellschaftlichen Konsequenzen unserer Tätigkeit davon ab. Mit gesellschaftlichen Konsequenzen meine ich dabei, daß der politisch-gesellschaftliche Kontext der Probleme unserer Klienten ernstgenommen wird und zugleich, daß die Arbeitsweise eines Therapeuten oder von Anstalten gewisse Tendenzen in dieser Gesellschaft umbiegen oder aber verfestigen kann.

Fachleute am richtigen Ort

Wenn Menschen sich mit Problemen herumschlagen, bedeutet das nicht, daß sie krank sind, sondern es ist ein Zeichen dafür, daß sie gesund sind.
Innere Konfliktsituationen und Krisen sind ein Zeichen für Leben. Für Identität. Für Übergang von einer Phase in eine andere. Für Protest gegen Dinge, die häufig Protest verdienen. Für den Entschluß (vorläufig) unbeweglich und entschlußlos zu sein. Für Konfrontation mit Dingen, die nicht nur einfach eingebildet, sondern wirklich einengend sind: Warenhäuser, Straßenbahnen, Aufzüge, Hausflure, Wespen, Menschen ...
Wenn Menschen Probleme haben, müssen sie wie gesunde Menschen angesprochen werden. Angesprochen auf ihre Kraft und ihre Kreativität. Ihr Problem ist nicht etwas, daß ihnen „weggenommen" werden müßte wie eine bösartige Geschwulst. Es ist ein Signal, das auf diesen Menschen aufmerksam macht.
Diese Aufmerksamkeit und Fürsorge können Menschen bekommen bei:

1. Sich selbst (SELBSTHILFE)

Manches schwere Problem nimmt wieder alltägliche Dimensionen an, sobald wir uns selbst wieder ein wenig Zuwendung und Liebe und Sorge schenken. Sich mal die Haare waschen. Oder mal zum Friseur gehen. Drei Tage nacheinander ausschlafen, und der Partner sorgt dafür, daß die Kinder pünktlich zur Schule gehen und nicht stören. Sich eine ganze Woche lang täglich dreiviertel Stunden in der Badewanne aalen und dabei einen Krimi lesen und ein Glas Sherry trinken. Mal einen guten Freund(in) anrufen: eine Stunde lang plaudern oder ankündigen: ich möchte morgen zu dir zum Essen kommen, damit ich nichts zu tun brauche. Die Aufgabe von Sozialarbeitern und Therapeuten wird meiner Meinung nach vornehmlich daraus bestehen müssen, Menschen wieder zurück zu verweisen auf diese erste und wichtigste zuständige und qualifizierte Instanz.

2. Die Umwelt (UMGEBENDE SORGE und SELBSTHILFEGRUPPEN)

Die warme Sachkunde aus Erfahrung von Nachbarn, Verwandten, Dorfbewohnern, anderen Klienten.

3. Sachkundige von Beruf (PROFESSIONELLE SORGE)

In letzter Instanz und nur so kurz wie möglich einzusetzen. Mit ihrer Autorität könnten sie einen Ausgleich schaffen, indem sie den Klienten wieder auf Selbsthilfe und -Gruppen aufmerksam machen. Nur in außerordentlichen Fällen sollten sie „ein Stückchen mitgehen". Aber niemals auf längere Strecke. Denn wenn sie mit-gehen, geht der Klient auch mit. Er muß aber lernen nicht mit-zu-gehen, sondern selbst zu gehen.

Fachleute für Therapie und Sozialarbeit

Therapie und Sozialarbeit sind nicht nur Spezialistentum, sondern haben auch mit der eigenen Art zu leben und mit Menschen umzugehen etwas zu tun. Fachlicher Sachverstand auf der einen Seite und Lebensweisheit verbunden mit menschlicher Wärme auf der anderen Seite sind hier zwei Pole, die sich

voraussetzen. Fehlt einer der beiden Pole, dann ist auch der andere Pol nutzlos.
Was bedeutet Sachkundigkeit in Sozialarbeit und Therapie? Sie „ist“ an erster und an zweiter Stelle sachkundig, so daß man sich nicht hinter Sachverstand versteckt, sondern sachverständig ist.

Fachmann oder Fachfrau auf diesem Gebiet sein beinhaltet daher:

1. *Kenntnis der Materie,* erworben durch gezielte Beobachtung und Reflektierung, durch Ausbildung und Training, durch viele Übungsstunden und Erfahrung (ABSTAND).
So daß er/sie
- einen Blick dafür hat, wieviel Kampf, Schmerz, Erwartungen im Menschen leben;
- erkennt, was jetzt und hier prozeßmäßig vor sich geht;
- einen Blick für die verborgenen Möglichkeiten des Menschen
- und einen Blick für die eigenen Grenzen hat;
- weiß, wie Beziehungsfäden zu Kurzschlüssen verbunden werden und wie der Zirkelschluß erhalten oder durchbrochen wird;
- fähig ist, den kulturell-gesellschaftlichen Druck oder dessen Versuchung, der dieses mitverursacht, aufzudecken;
- der materiellen Seite der Situation (wohnen, Freizeitbeschäftigung, rechtliche Absicherung, Arbeitsfreude- und -leid) ihre volle Bedeutung geben kann;
- über Methoden verfügt, dem Klienten sobald wie möglich aufs neue die Eigenverantwortung zu überlassen.

2. *Das Geschick, relational und gesellschaftlich mit Menschen umzugehen (NÄHE)*

a) Relational

Ein Fachmann der Therapie sein, bedeutet in hohem Maße, daß man ein praktisch-fähiger Gegenpol zum Klienten sein kann. Das bedeutet, daß man sich nicht beeinflussen läßt durch die Ohnmacht und die Verfremdung des praktischen Handelns auf Seiten des Klienten. Es gehört die Fähigkeit dazu, im Kontakt die

Grenzen einzuhalten und die sintflutartig alles überspülende Problematik des Klienten zu relativieren und zu der Wirklichkeit in Verbindung zu bringen, mit der man umgehen kann.
Der Therapeut braucht die Kraft zum Kontaktschließen, zum Nahesein. Er muß sagen können, was er empfindet. Gefühle. Wärme und Einfühlungsvermögen. Wenn er diese Dinge nicht einbringen kann, wird die Therapie für den Klienten erniedrigend. Er kann dann sein Herz und sein Portemonnaie ausschütten, aber er tut es ins Leere, da ist niemand.
Verdeutlichen. Herausfordern. Mit Liebe necken. Niemals „tot"-ernst werden. Dich nicht in den mit Widerhaken versehenen Zirkelschluß hineinziehen lassen. Dich nicht durch die Probleme des anderen ergreifen lassen. Deine Fähigkeiten nicht in den Dienst deiner Karriere stellen, indem du selbst sehr geschickt alles tust und dich dadurch selbst hochschraubst. Bleibe Hebamme oder Geburtshelfer, dem es bei einer Geburt nicht im Traum einfällt jedesmal selber zu gebären, wenn der Klient Wehen bekommt.

b) Gesellschaftlich

Verweise auf gesellschaftliche (ökonomische, juristische, verwaltungstechnische, erzieherische, u. a.) Instanzen und Möglichkeiten der Umwelt. Das ist notwendig, weil Klienten oft dazu neigen, den ganzen Brei selber auslöffeln zu wollen oder dem Helfer zuzuschieben.
Hilf mit aufzuspüren, welche versteckten gesellschaftlichen Normen oder Arten der Unterdrückung oder der gesellschaftlichen Gehirnwäsche (durch Unterricht, Werbung, usw.) Mit-Ursache dafür sind, daß Individuen sich krank fühlen. Das ist notwendig, damit Klienten sich nicht selbst an den Kopf schlagen oder ihrem Vater oder der Mutter die Schuld geben, während die unterdrückende Gesellschaft ungeschoren davonkommt.

Zur Diskussion: Behauptungen zur Struktur Sozialer Arbeit

Erste Behauptung

Wenn es stimmt, daß Hilfeleistung dazu da ist, um die Mündigkeit des Klienten zu fördern, dann darf diese Mündigkeit nicht nur als Endresultat versprochen werden, sondern dann muß das Hilfsprogramm so angelegt sein, daß vor allem der mündige Klient in allen Phasen zu Worte kommt.
Umgekehrt ausgedrückt heißt das: Ich glaube nicht an bevormundende Entmündigungsprogramme. Ebensowenig an sich aufdrängende Emanzipationsprozesse. Noch weniger an ein Wachstum zur Selbständigkeit auf dem Weg über einen Behandlungsplan, den ein anderer und nicht der Klient selbst zurechtgebastelt hat. Und sicher nicht an Bewußtwerdung, die angeregt wird durch Aussagen oder Diagnosen von klugen oder unklugen Therapeuten oder Sozialarbeitern. Kurz: ein anderer als du selbst kann dich nicht selbständig machen.

Zweite Behauptung

Wenn es stimmt, daß Hilfeleistungseinrichtungen dazu da sind, sich selbst überflüssig zu machen und aufzuheben, dann bedeutet das, daß wir danach streben, so viel Sozialarbeiter wie möglich arbeitslos zu machen. Wenn das wirklich so ist, dann müßte sich das zum Beispiel daran zeigen, daß das Sozialwesen von Jahr zu Jahr weniger Fachkräfte und weniger Geld braucht.
Für unsere Arbeitsweise bedeutet das, daß wir vom ersten Augenblick an so viel Verantwortung wie möglich dem Klienten überlassen. Er mag dann so „gestört" sein wie's nur geht, wir werden ihm zumindest die Achtung entgegenbringen, daß er selbst sein Leben in der Hand behält.
Daher lehne ich das Marketing im Sozialwesen ab: das Errichten von sozialen Einrichtungen, um die die Bevölkerung nicht gebeten hat und ohne daß sie letztlich das Bestimmungsrecht über Art und Umfang behält. Ich halte nichts von Sozialarbeit, die sich selbst einbringt und verkauft, selbst formuliert, wie notwendig sie für bestimmte Bedürfnisse verschiedener Bevölkerungsschich-

ten oder Zielgruppen ist. Ich halte nichts von Sozialarbeit, die so ihre selbstentworfenen und angepriesenen Bedürfnisse erfüllt und sich selbst unentbehrlich macht.

Dritte Behauptung

Menschen lernen vor allem durch Übung und Erfahrung. Die Lerninhalte, die hängen bleiben, kommen nicht aus herangetragenen Ideen, die dann automatisch zum Handeln führen würden. Am deutlichsten erkennt man das bei Kindern. Sie haben nicht vordergründig ein Problem, wofür sie sich dann im Kopf eine Lösung zurechtlegen, bevor sie etwas daran tun. Nein, sie spielen mit Wörtern, mit Bauklötzen, mit ihrem Essen, mit Hosenträgern, mit Kindern aus der Nachbarschaft, mit allem, was ihnen in ihrer Umgebung in die Finger gerät. Sie kombinieren, aber nicht nach einem Plan. Die Kombinationen wechseln, und so entdekken sie neue Möglichkeiten, die bis dahin außerhalb ihres Erfahrungsbereiches lagen. (Diese Art des Lernens war es auch, die Moreno von spielenden Kindern im Park übernahm, um sie als „Methode" in der Therapie anzuwenden. Es heißt nicht zuerst Lösungen vernunftsmäßig zu suchen, um dann zu einem Handeln zu kommen. Sondern handeln, tun, spielen... und die Erkenntnisse aus deinen Taten erwachsen lassen.)
Vorher kann man natürlich schon gute Ideen haben. Im Tun, etwas zustandebringend, einen Schritt machend, den Körper bewegend, beginnt man erst zu „begreifen", worum es geht. Erkenntnis bekommt man, wenn man es „getan hat". Nicht vorher. Es ist dann nicht so wichtig, ob es richtig oder falsch ist. Wenn man nur weiß, was man gerade tut. Es ist nicht notwendig, daß die einzig mögliche Antwort gefunden wird. Wichtig ist, daß der Klient durch die Therapie mehr praktische Erkenntnisse hat als zuvor, um damit seinen eigenen Weg zu gehen.
Es kann nur von Vorteil sein, wenn der Klient in der Therapie durch Gruppenmitglieder oder durch den Therapeuten konfrontiert wird mit Gegebenheiten, die nicht stimmen, mit Hypothesen, die genau das Gegenteil aussagen von dem, was er sucht. Wissen wächst mehr durch Kontrastwirkung als durch Analyse. Wissen ist keine konsistente Einheit von Theorien, die zusammen eine ideale Sicht der Wahrheit schenken. Im Gegenteil, dadurch

würden wir unsere Bewußtwerdung eher einschränken als ausweiten. Unsere Erkenntnisse wachsen, wenn wir immer mehr unvereinbare Alternativen nebeneinander stellen können. Diese Art der Erkenntnis erhöht unsere Lebenschancen, anstatt sie einzuengen in der Gesamtheit eines Systems.
Das Wissen, das in der Therapie vermittelt wird, stimmt nicht überein mit dem logisch ineinander gefugten Denk- und Lebenssystem, das sich der Klient aufgebaut hat. Seine „Ordnung" wirkt häufig erstickend. Die Therapie ist dazu da, diese Ordnung zu durchbrechen. Das erreicht sie, indem man erstaunt feststellt, daß die Evidenzen des Klienten nicht die Evidenzen anderer sind. Indem Aufmerksamkeit geweckt wird für die buchstäbliche und semantische Bedeutung der eigenen Worte – mehr als für ihre kulturelle, oberflächliche Bedeutung. Durch Normen heilsamer Verwirrung, durch die der Klient ausbrechen kann aus den eingefahrenen Spuren seiner eigenen einengenden Gedankengänge.

Vierte Behauptung

Therapie ist eine anarchistische Beschäftigung. Sie will Menschen lösen von den erdrückenden Vater- und Mutterfiguren der herrschenden Schicht, zu der unter anderen auch die Fachleute gehören. In der Therapie lernst du immer mehr Dinge zu tun, die du selber willst und immer weniger Dinge, von denen man meint, du müßtest sie tun.

„Wie können Menschen lernen auf eigenen Füßen zu gehen, wenn du immerzu bereitstehst, um Menschen zu lehren auf ihren eigenen Füßen zu gehen?" (Anne-Marie)

3. Bericht über ein Experiment

Projekt „S“: Do-it-your-self-Gruppe für Klienten anstelle von Einzeltherapie

Ein Wort vorab

Es wäre zu einfach, den medizinischen Entwurf, der in der sozialen Therapie-Arbeit immer stärker zum Tragen kommt, anzuklagen. Alternativen dazu sind noch selten, und Arbeitsmuster müssen wir in der Praxis noch entwickeln. Hier und dort werden neue Formen versucht. Projekt „S“ ist eine solche Alternative, die meiner Meinung nach sogar auch noch gelungen ist.
Mir erscheint es sinnvoll, unsere Aufmerksamkeit nicht nur dem gesellschaftlichen Versagen der sozialen Arbeit zuzuwenden, sondern auch solchen Arbeitsmodellen, in denen im kleinen Rahmen menschliche und gesellschaftliche Wege markiert werden, die mir glaubwürdiger erscheinen.
Für diesen Absatz habe ich Berichte und Tonbänder von Sozial-Arbeitern, Klienten und Studenten zugrunde gelegt – und natürlich auch von Gesprächen, bei denen ich selbst dabei war.

1. Vorgeschichte

Mechelien und Bert sind Sozialarbeiter in S. (Daher der Name Projekt „S“, obwohl dieses Projekt nicht auf S. begrenzt geblieben ist). Sie wollten, als eine Art Experiment, mit einer Gruppe von Klienten beginnen, die bis dahin (viele bereits längere Zeit: ein bis drei Jahre) durch individuelle Gespräche (case-work) in „Behandlung“ waren.
Mechelien und Bert ließen sich dazu von folgende Überlegungen leiten:
– Vielleicht ist es möglich, über eine solche Gruppe den toten Punkt zu überwinden, an dem wir uns in unseren individuellen Gesprächen doch leicht festbeißen.

– Vielleicht entdecken Menschen in diesen Gruppen eher ihre eigenen Möglichkeiten anstelle der Möglichkeiten der professionellen Fachkräfte.
– In individuellen Helferbeziehungen wird man so leicht abhängig. Der Klient vom Helfer und der Helfer vom Klienten. Dem kann man innerhalb des Case-work-modells nur schwer entgehen. Vielleicht ist es möglich, das in Gruppen zu umgehen. Die Klienten sollen unabhängiger von den Helfern werden. Dort könnten Gelegenheiten gegeben werden, daß Menschen mehr voneinander bekommen als vom Sachkundigen oder von den Methoden sozialer Arbeit. Wenn es stimmt, daß Menschen einander viel zu geben haben, dann können wir ihnen noch am besten helfen, indem wir dafür sorgen, daß sie sich begegnen. In einer Gruppe also, anstatt in Gesprächen unter vier Augen mit einer angestellten Fachkraft.
– Viele Menschen kommen mit sozialer Arbeit in Berührung, weil sie irgendwie gesellschaftlich in Isolation geraten sind. Sollen wir ihnen dann eine „Behandlung" anbieten, die auch als Modell isoliert? Und so der Isolierung noch den Stempel unseres Sozialwesens aufdrücken? Sollten wir dann nicht lieber ein Modell nehmen, das gleichzeitig Gelegenheit zu Kontakten mit der Umwelt schafft?

Zu diesem Vorhaben baten sie um Hilfe und Unterstützung. Ich hatte den Eindruck, daß ich hiermit eine wichtige Chance bekam. Ich durfte mich nicht verleiten lassen, in die Rolle desjenigen zu schlüpfen, der es schon macht. Es nicht zum Nebenberuf machen, so daß ich als Super-Fachkundiger über allem schweben würde, um ihnen die kreative Herausforderung ihrer Arbeit aus der Hand zu nehmen. Nein, ich dürfte nur aus der Ferne beteiligt sein. Alles in ihrer Hand belassen. Wenn sie mich um Rat baten, müßte ich sie anregen, auf der gleichen Ebene etwas zu bieten. Das Projekt durfte nicht hierarchisiert werden durch persönliche Abhängigkeiten. Die Abhängigkeit vom Expertenapparat durfte nicht bekämpft werden durch Bildung neuer Abhängigkeiten von neuen Sachverständigen.

Nach einem Gespräch kamen wir zu folgenden Absprachen, die gleichzeitig die Art des Projektes bestimmen sollten:

1. Keine Gruppen mit spezieller Problematik (= kategorialer Ansatz). Denn Kategorien (zum Beispiel Suchtkranke – Alleinstehende – Arbeitslose – Geschiedene...) sind willkürlich und kleben dem Menschen medizinische oder soziale Schildchen auf. Wir meinten, Kategorien verstärken die Isolation, aus denen wir die Menschen herausholen wollen. Also entschlossen wir uns, die Gruppen so verschiedenartig wie möglich aufzustellen, was Probleme, Lebensalter, gesellschaftliche Situation, Personenstand usw. betrifft. So wird die Gruppe nicht von vornherein durch einen Problemnenner bestimmt (die Kategorie), sondern durch Menschen und durch das, was Menschen sich gegenseitig und sich selbst geben können.
2. Keine „Therapie"-Gruppe. Selbst wenn einige Leute sich aufgrund von Therapie-Überweisungen dazu melden. Beispielsweise: Phobien, Verhaltensstörungen, Ängste, anorexia nervosa, Depressionen, Suizidversuch, usw. Oder mit Problemen, die sie selbst so formulieren: „Ich bin arbeitslos, ich kann mich zu nichts mehr aufraffen. Ich fühle mich angespannt und depressiv." – „Ich trau' mich nicht mehr, in ein Geschäft zu gehen. Ich habe überall Schmerzen und organische Störungen." – „Ich bin geschieden und habe seitdem asthmatische Anfälle." – „Ich war in einer Gruppe für geschiedene Frauen; aber mein Problem ist nicht so sehr, daß ich geschieden bin, sondern daß ich glaube, ich sei zu nichts nütze, und ich kann nicht für mich selbst eintreten." – „Ich habe Schmerzen in der Herzgegend. Ich habe ein Geschäft und hetze mich ab, damit die Kunden nicht warten müssen. Ich wage ihnen nie meine Meinung zu sagen. Der Kunde ist König. Ich werde immer nervöser, und meine Familie leidet mit darunter." – „Ich möchte eine Ausbildung beginnen, aber ich traue mich nicht, weil ich stottere und leicht erröte. Ich bin jetzt stellvertretender Leiter einer Einrichtung, aber wage nicht einmal, dort zum Kaffee zu erscheinen."
3. Zusammensetzung dieser Arbeitsgruppe: zehn bis zwölf Teilnehmer. An erster Stelle Klienten, die schon seit langer Zeit in individueller Behandlung sind. Dazu einige neue Klienten, die sich auf Anraten eines Hausarztes oder einer anderen Instanz anmelden.
4. Nach diesem einen Konsultationsgespräch wollte ich grundsätzlich nicht länger als Arbeitsbegleiter dieses Experiments in Erscheinung treten, sondern die beiden ersten Gruppenleiter

(Bert und Miechelien) und die Arbeitsgruppe selbst (die Klienten) sollten innerhalb meiner Studentengruppe (= VABO = Voortgezette Agogische Beroepsopleiding – = Agogische Berufsfortbildung, d. Ü.) als „Gäste“ von dieser Lerngruppe jede Beratung bekommen, als Tausch für das Mitteilen ihrer Erfahrungen.

5. Die „Spielregeln“ dieser Arbeits-Gruppe sollten den Teilnehmern zu Anfang deutlich vorgesetzt werden. Denn wenn wir beabsichtigen, in diesen Gruppen Menschen die Chance zu geben, selbständiger zu werden, dann müssen die „Regeln“ dieser Gruppe zahlenmäßig gering sein, für jeden einsichtig und darauf ausgerichtet, jedem seine Eigenverantwortlichkeit wiederzugeben.

Regeln und Absprachen, die vorab als Grundvoraussetzungen mitgeteilt wurden

a) Regeln und Absprachen für die Klienten

– Dauer: Die Gruppe trifft sich grundsätzlich nicht mehr als zehn Abende (einmal in der Woche). Es ist nicht notwendig, in diesem Zeitraum von deinen Problemen befreit zu werden. Wohl kannst du lernen Wege zu finden, um selbst – gestützt durch andere Gruppenmitglieder oder in Zusammenarbeit mit Verwandten oder Nachbarn (also ohne offizielle Fachleute) – die eigenen Angelegenheiten in Ordnung zu bringen.
Das bedeutet, daß die Teilnehmer durchschnittlich nur zu einem Zehntel die Aufmerksamkeit für sich in Anspruch nehmen können, und daß sich neun Zehntel der Gruppenzeit auf andere richtet. (Vielleicht ist das sogar eine gute Aufteilung der Zuwendung, wenn man in Problemen steckt.)
– Die materielle Versorgung (Kaffee, Treffpunkt, Kontakte zu eventuell Abwesenden herstellen) liegt in der Hand der Teilnehmer selbst. Turnusmäßig ist jeder ein Mal Gastgeber/in. So geraten die Begleiter nicht all zu schnell in eine versorgende Rolle mit der Gefahr, die Lenkung der Situation zu behalten oder zugeschoben zu bekommen.
– Wenn du als Klient etwas mit jemandem in Ordnung bringen willst (Hausgenosse oder Nachbar oder Freund oder Freundin oder Kollegen), darfst du ihn mitbringen.

– Wenn du nicht mehr kommen willst, dann bleibe nicht einfach weg, sag es auch nicht nur dem Gruppenbegleiter, sondern sprich es vor der ganzen Gruppe aus.
– Niemand braucht etwas zu „tun“ während der Gruppensitzungen, aber wir würden dann gerne irgendwann erfahren, ob es dir etwas bringt und was.
– Die Gruppenbegleiter sind dazu da, die Gruppe zu begleiten und nicht, eure Probleme zu lösen. Du bist selbst verantwortlich dafür, was du mit deinem Leben anfängst. Daran braucht sich nichts zu ändern, es sei denn, du beschließt das selbst und sagst auch wie.
– Du kennst deine Probleme selbst am allerbesten, also wirst du auch der Sachkundige sein müssen, der genau erklärt, wie das Rezept deines Problems zusammengestellt ist.

b) Absprachen und Aufgaben für die Begleiter

– Ein Ganzes besteht aus: Anfang, Mitte und Ende.
Dafür sind die Begleiter verantwortlich. Für Deutlichkeit. Daß das Bekanntmachen unter klaren Voraussetzungen und Absprachen geschieht; daß während des Abends auf einleuchtende Weise Aufmerksamkeit und Zuwendung gegeben und bekommen, genommen und nicht genommen wird. Daß verschiedene Interessen nicht durcheinander gehaspelt werden und innerhalb des verabredeten Zeitraumes von zehn Sitzungen ein deutlicher Abschluß und sich wieder loslassen erreicht wird.
– Wenn du als Begleiter Probleme mit der Gruppe hast oder diese miteinander, dann bringe diese Fragen in erster Instanz in die Klientenarbeitsgruppe. Denn dort sitzen deine eigentlichen Mitarbeiter für diese Gruppe. „Klient und Sozialarbeiter, Gruppenmitglied und Gruppenleiter, sind erwachsene Partner in der Beziehung, die Hilfe oder Therapie oder Unterweisung heißt.“ (Mark)
– Sorge dafür, daß das, was ein Klient einbringt, nicht nur beim Begleiter niedergelegt wird, sondern in der Gruppe. Beispielsweise, indem Reaktionen darauf erfragt werden.
Die erste Arbeitsgruppe begann im Oktober 1977. Die Bewerber zur Teilnahme wurden mit dem folgenden Brief eingeladen: „Durch diesen Brief möchten wir mitteilen, daß wir vorhaben, mit

der Arbeits-, Lern-, und Übungsgruppe – über die wir miteinander gesprochen haben – zu beginnen.
In diesen Zusammenkünften ist für jeden Gelegenheit gegeben, seine Fragen und Probleme einzubringen, die ihn oder sie im persönlichen oder gesellschaftlichen Funktionieren behindern oder hemmen.
Wir wollen hierfür zehn Abende ansetzen. Das erste Treffen ist am 20. Oktober um 19.30 Uhr in unserem Büro.
Die nächsten Termine können wir dann gemeinsam verabreden.
Die Teilnahme ist kostenlos, weil wir dafür Zuschüsse bekommen. Wir bitten nur, daß die Teilnehmer selbst für den Kaffee sorgen. Am ersten Abend ist bereits dafür gesorgt."
Kurz vor Beginn dieser Arbeitsgruppe kamen die Begleiter in die Studentengruppe der VABO, um über ihr Vorhaben zu berichten. Später kamen sie noch einige Male. Sie teilten ihre Erfahrungen und die der Klienten aus der Arbeitsgruppe mit. Gegenseitig wurden Fragen, Pläne und Meinungen einander vorgelegt. So bekamen die Begleiter einen Rückhalt bei ihrer Arbeit, die Studentengruppe konnte den Prozeß verfolgen und wurde dadurch zum Nachdenken angeregt, und ein Teil der Studenten wurde dadurch motiviert, auf andere Art nach diesem Modell auch Arbeitsgruppen einzurichten oder vorzubereiten. Eine der Studentinnen, Wilma, machte in S. mit, um dieses Modell aus nächster Nähe mitzuerleben.
Als die Arbeitsgruppe nach zehn Abenden „fertig" war, fand zwischen den Studenten der Lerngruppe (VABO) und der Arbeitsgruppe (Klienten und Begleiter), ein Austausch statt, um zu erfahren, wie der Verlauf denn nun konkret gewesen war und ob die beabsichtigten Ziele erreicht worden waren.
Danach begannen im Januar zwei neue Gruppen, und so ging es weiter. An anderen Orten wurden nach einem ähnlichen Modell weitere Gruppen (nun schon 17) von anderen Studenten der Lerngruppe oder von mir selbst eingerichtet oder geplant.
Sowohl die Klienten der Arbeitsgruppe wie auch ihre Begleiter und die Studenten der Lerngruppe der VABO haben ihre Erfahrungen, Reflexionen und Positivpunkte zu Papier gebracht und gesammelt.

2. Verlauf des Abends

(Angaben der Begleiter)

„Beim ersten Gruppengespräch wurden die Teilnehmer mit einer Tasse Kaffee empfangen. Wir zeigten ihnen das Gebäude. Wir besprachen die Termine für die nächsten neun Gespräche. Außerdem, wer jeweils für den Kaffee sorgen würde. Es wurde noch einmal darauf hingewiesen, daß sie nicht gezwungen seien etwas einzubringen, daß wir sie aber wohl nach einiger Zeit fragen würden, ob und wie sie an diesen Abenden profitierten. An diesem Abend lernten sich auch die Gruppenmitglieder untereinander kennen: Sagen, wie man heißt und weshalb man kommt. „Holen und bringen."
Über die anderen Abende:
„Zu Beginn des Abends kann sich jeder selbst Kaffee aus der Küche holen, kommt dann meistens schon mit der Tasse in der Hand herein, sucht sich einen Platz, und die meisten haben schon bald Kontakt mit dem Nachbarn oder der Nachbarin. Es wird gemütlich geplaudert. Allmählich wird es ruhiger und das Gruppengespräch beginnt. Meistens ergreift der Begleiter die Initiative, um gezielt zu beginnen.
Anfangs haben wir als Begleiter Pläne gemacht, um den Abend zu strukturieren. Jetzt kommen spontan Themen und Inhalte zur Sprache."
Bringt jemand etwas ein, was ihm/ihr Mühe macht, dann geht meistens zunächst einer der Begleiter darauf ein. Das tut er, um eine wirkliche Auseinandersetzung zu ermöglichen. Die Erfahrung hat gezeigt, daß andere Teilnehmer manchmal dazu neigen, einer Auseinandersetzung aus dem Wege zu gehen. Manchmal, weil die eingebrachte Problemstellung zu viele eigene Ängste oder Projektionen oder Normen oder Ratschläge auslöst. Manchmal nehmen sie einander das Thema ab und räumen sich so gegenseitig aus dem Weg. Das gilt jedoch gleichermaßen für die Begleiter.
Es ist sehr wichtig, daß sich die Begleiter gegenseitig darauf ansprechen und korrigieren können, wenn der eine Begleiter dem anderen im Wege steht. Derjenige, der etwas einbringt, stellt sich ungeschützt und verletzlich hin. Das ist für die anderen oft bedrohlich. Wichtig für den, der sich verletzlich bloßstellt, ist, daß die anderen ihm zurückgeben, was sie daraus erlebt haben.

Wenn sie ihre Reaktionen wiedergeben, neigen die Teilnehmer (einschließlich des Begleiters) dazu, ihre eigenen Gefühle auf denjenigen zu projizieren, der etwas eingebracht hat. Die Begleiter versuchen dann, sich selbst und die Teilnehmer wieder auf ihr Ureigenstes zurückzubringen. Zu Anfang der Gruppenarbeit ist das noch notwendiger als gegen Ende. Dann tun es die Teilnehmer bereits von selbst oder helfen einander dabei.

Trauer oder andere Gefühle zu äußern, ist innerhalb der Gruppe erlaubt, muß aber nicht immer sein. Die Gruppe ist nicht stellvertretend für die Familie da. Die Absicht der Gruppe ist es gerade, daß jedes Gruppenmitglied auf eigenen Füßen stehen bleibt.

Bei längerem Schweigen fragt der Gruppenleiter wohl einmal: „Was spürt ihr jetzt in eurem Körper?..."

„Als es sich zum fünften Mal zeigte, wieviele Leute den Atem anhalten bei Dingen, die sie „müssen", haben wir ein Spielchen gespielt, in dem sich jeweils zwei erzählten, was man so alles muß. Der andere durfte darauf nur mit Gebell antworten und der erste mußte daraufhin zurückbellen, bevor er mit der Auflistung fortfahren durfte. Beim Bellen kann man nämlich den Atem kaum anhalten. Wir haben viel gelacht, und es erwies sich als gute Methode, den Teufel des Müssens zu entmachten."

„Es ist jedesmal wieder spannend neu anzufangen. Wird's heute etwas geben? Jeder hat seinen Kaffee getrunken. Die Zigarettchen sind gedreht. Dann wird es still. Was machen wir jetzt? Die Stille zulassen oder schnell etwas anfangen? Manchmal begann ich dann einfach eine Gesprächsrunde mit der Frage: Was möchtet ihr jetzt? Was geht in euch vor? Wer hat Wünsche für heute Abend? Oder Ähnliches."

„Wir werden als Begleiter betrachtet. Und das sind wir auch. Wir erwarten von den Teilnehmern Offenheit und dürfen auch über unsere Rolle keine Unklarheiten aufkommen lassen. Wir behalten ganz sicherlich die Zügel in der Hand. Nicht etwa, um eine Art Behandlung vorzunehmen oder um Diagnosen zu stellen oder um jemandem zu sagen, was er tun muß, um seine Probleme zu lösen. Wenn jemand sein Problem zur Sprache bringt, dann setzen wir uns sicherlich dafür ein, daß dem Aufmerksamkeit gegeben wird. Einmal von demjenigen selbst, der sich einbringt, aber dann auch von der Gruppe. Die anderen Gruppenmitglieder können an diesem Prozeß des Aufmerksamwerdens teilnehmen. Darum müssen wir darauf achten, daß nicht eine

Lawine von Durcheinandergerede oder von Ratschlägen über ihm zusammenschlägt, denn das schafft nur Verwirrung."
„Zu Anfang fiel es uns schwer, mit der Fülle der Reaktionen, die ausgelöst wurden, fertig zu werden. Bei mir selbst spürte ich deutlich die Spannung zwischen dem Bedürfnis das Gespräch zu strukturieren einerseits und dem Bedürfnis spontanen Reaktionen Raum zu lassen andererseits. Das Bedürfnis immer alles zu strukturieren hängt zusammen mit dem Anspruch alles „gut machen zu müssen" und „dafür sorgen zu müssen, daß jeder zum Zuge kommt und daß nach zehn Abenden alles beendet sein muß."
Ich habe das vor die Gruppe gebracht. Den Gruppenmitgliedern wurde daran klar, wie sie auch an sich selber hohe Anforderungen stellen, und daß dies nicht nur einfach die Eigenart eines Individuums ist, sondern eine gesellschaftliche Norm, die uns alle beeinflußt. Weil die Gruppenmitglieder hierbei nah an sich selbst blieben, entdeckte ich, wie wir als Sozialarbeiter unsere eigenen Probleme häufig zum Problem der Gruppe machen.
„Das achte Gespräch wurde genutzt, um einander zu sagen, was jeder vom anderen gelernt hatte. Das neunte Gespräch setzte dies fort, denn es gab vieles, was sie miteinander teilen wollten. Außerdem fragten wir sie, was sie jetzt anfangen wollten, nachdem die Gruppe beendet war und wie sie das angehen wollten.
Der zehnte Abend war ein gemütliches Zusammensein als Abschluß. Auswertungsgespräch – und danach Torte. Dazu ein Gläschen Wein. Dafür hatten sie selber gesorgt."

3. Reaktionen von Klienten der Arbeitsgruppe.

a. Von persönlichen Beschwerden zu sozialem Gewinn

Die meisten Teilnehmer geben nachträglich bei der Auswertung an, explizit oder implizit, daß sich das Problem, weswegen sie sich vordergründig angemeldet hatten, im Verlauf der Abende verschoben hat oder nicht mehr so gewichtig ist, daß sie meinen dafür Hilfe von Außen zu brauchen. Sie haben im Vorgespräch oder in der vorausgegangenen individuellen Behandlung dem Therapierenden gegenüber anders formuliert als voreinander in der Gruppe. Es sieht so aus, als ob die „Beschwerden", mit denen sie kamen, speziell für den Fachmann verkleidet worden waren. Als ob es etwas gäbe, was für den Fachmann keinen Namen hat und daß man vor ihm also nicht nennen sollte. Man sucht dann nach Ausdrücken, die dem Sachkundigen angemessen sind.

Bei der Anmeldung haben sich die Klienten etikettiert mit *persönlichen* Krankheiten, Neurosen, somatischen Erscheinungen usw., und nach Ablauf der Gruppenarbeit benennen sie das Ergebnis mit Ausdrücken des *sozialen Gewinnes.* Indem sie sich bei der Anmeldung kranke Namen gaben, gehörten sie zum Patientenclub, der alles Heil von oben (vom Mediziner oder Therapeuten oder Sozialarbeiter) erwartet. Dieses Muster ist ein anerkanntes, kulturelles Muster, mit dem sie kein Risiko eingehen. Dieses medizinische Modell wird denn auch nicht nur von Ärzten und Therapeuten aufrecht erhalten, sondern noch stärker durch die Mentalität des größten Teils der Bevölkerung. Ärzte und Therapeuten, die dabei nicht mitspielen wollen, erfahren häufig arge Widerstände, nicht so sehr von ihren Kollegen, sondern von Klienten, die nicht aus dem Abhängigkeitsmuster heraus möchten... Den „sozialen Gewinn" erklärten die Klienten des Projektes S. mit folgenden Umschreibungen:

„Ich habe gelernt, mich unter Menschen auszudrücken. So habe ich erfahren, welche Gefühle in mir stecken."

„Ich habe gelernt, mich nicht von anderen leiten zu lassen, sondern mich selbst zu lenken."

„Jetzt weiß ich, was Solidarität ist."

„Indem ich mit Problemen anderer konfrontiert wurde, bin ich aus meinem eigenen kleinen Zirkel herausgekommen. Meine Welt ist größer geworden."

„Ich habe gelernt danach zu fragen, was ich brauche. Wenn du dich nicht zeigst, kommst du nicht zum Zuge."

„Diese Arbeitsgruppe war eine gegenseitige Ermutigung. Ich stand nicht alleine da."

b. Einander erkennen und von einander lernen

Dieser soziale Gewinn ist eng verknüpft mit dem *Erkennen* bei anderen. Erkennen depressiver Stimmungen; Erkennen zögernden Handelns; des Gefühls, in Gesellschaft verloren zu sein; von Hoch und Tief; von eigenen Kämpfen; von der Angst sich zu zeigen, so wie man ist; sich nicht zu äußern wagen; Erkennen der Schwierigkeit zu teilen und zu nehmen; der Befangenheit; der Unsicherheit, Angst und Scham; sich selbst völlig unterzuordnen, Hemmungen, usw.

In der Nachbesprechung und in den Berichten äußern die Teilnehmer selbst, wie wichtig die anderen für sie gewesen oder geworden sind. Die Arbeitsgruppe ist ein Ort, wo sie *aneinander lernten:*

„Ich verschließe mich, wenn über Gefühle gesprochen wird; besonders in einer Gruppe. Bei J. und A. erkannte ich ein Stückchen davon wieder. Sie können sich in einer Gruppe auch nicht so gut ausdrücken."

„Dadurch, daß ich auf andere achte, ist es mir wie Schuppen von den Augen gefallen. Ich weiß jetzt, daß ich im Grunde nur wenig Selbstvertrauen habe und mich deshalb zwischen Menschen häufig ausgeschlossen fühle."

„Ich habe entdeckt, wie das „Müssen" von meiner Umwelt her aus der Gesellschaft auf mich zukommt. Das liegt nicht an mir allein."

„Ich dachte: Wenn es die anderen können, dann kann ich es vielleicht auch."

„Ich habe gelernt „Halt" zu sagen, wenn es mir zu viel wird."

„Meine Gefühle sollte ich so schnell wie möglich äußern, damit ich Luft bekomme."

„Ich habe von euch gelernt, daß man es selbst zeigen muß, wenn man etwas will oder nicht will, sonst verursacht man seine eigene Isolierung."

„Ich bemühte mich, den Erwartungen anderer zu entsprechen, aber dann war ich selbst nirgendwo mehr."

„Ich lausche jetzt mehr auf meinen eigenen Körper und beachte die Signale, die aus mir selbst kommen, stärker. Ich habe auch besseren Kontakt zu anderen. Weil andere diesen Schritt wagten, habe ich mich selber auch getraut."

„Die Welt ist mir größer geworden als meine eigenen Probleme. Meine Probleme sind dadurch nicht verschwunden, aber ich kann damit leben."

„Es war mir sehr eigenartig und unheimlich, an dieser Gruppe teilnehmen zu sollen. Ich war auch skeptisch. Verliere ich meinem Nachbarn gegenüber nicht das Gesicht, fragte ich mich.

Und was werden meine Kunden von mir denken? Tickt der nicht richtig, daß er zu solch einer Gruppe geht? Der kalte Schweiß brach mir vor Verkrampftheit aus, als ich ankam."
„Früher dachte ich: Sozialarbeit ist für Menschen, die kein Geld haben oder keine Wohnung oder ihre Papiere nicht in Ordnung haben. Jetzt sehe ich das allerdings anders. Mir hat man dort geholfen Dinge auszusprechen, die ich nie zu sagen wagte. Ich bin ehrlicher zu mir selbst geworden. Und positiver. Ich sehe jetzt, daß ich nicht alles zu meinem Problem machen muß. Ich habe gelernt zu reden. Früher konnte ich mich nicht äußern, wenn mich etwas innerlich bewegte."

Die Probleme, um deretwillen Menschen sich anmeldeten, lagen sehr weit auseinander. Allmählich jedoch erkennen die Teilnehmer immer mehr, daß der Unterschied gar nicht so groß ist und daß sie das, was sie gelernt haben, von Menschen lernten, die angeblich ganz andere Probleme hatten. Die Problematik, die Anstoß zur Anmeldung gab, wird dann auch nach und nach immer weniger wichtig; das Erkennen dafür um so mehr. Woher kommen die anfänglichen „Unterschiede"? Eins ist sicher: Die Sprache, in der sie zu Anfang ihre Probleme diagnostizierten, war die Sprache der Sachverständigen. Könnte das darauf hinweisen, wer die „verschiedenen" Leiden macht?

c. Vorteile solch einer Arbeits-Lern-Übungs-Gruppe

„Man wird nicht in irgendeine Ecke von „Einsamen" oder „Leuten mit Phobien" oder „Menschen mit schwachem Ich-Bewußtsein" gesteckt. Man wird nicht von Fachleuten eingeordnet nach Alter oder Geschlecht oder Personenstand oder nach einer Krankheitskategorie. Man gehört zu Menschen, die miteinander lernen wollen, ihr Leben selbst meistern zu können. Es ist nicht einmal eine Therapie, die weiterlaufen muß bis das Problem gelöst ist. Manchmal ist es nicht einmal notwendig, daß das Problem besonders beachtet werden muß. Es ist hier unwichtig, welcher Problematik wegen man gekommen ist. Man wird hier selbst beachtet, und es ist wichtig, daß man erhobenen Hauptes wieder fortgeht."
„Man ist mehr darauf eingestellt sich selbst zu helfen. Und man kann sich gegenseitig helfen. Gemeinsam in dieses Abenteuer

hineingehen und merken, daß man auch etwas zu geben hat, legt Energien frei. Wie unheimlich einem das manchmal auch ist." „Man sitzt dort nicht nur als Hilfsbedürftiger, sondern man hat selber auch etwas zu geben."
„Es gibt immer noch zehn andere Möglichkeiten, wenn man mit dem Begleiter festgefahren ist."
„Der Sozialarbeiter rückt einem nicht so nah auf die Pelle wie in einem Zweiergespräch. Du mußt (darfst) für dich selber sorgen. In einem Zweiergespräch hat der Beratende leicht alle Fäden in der Hand. In einer Gruppe von Klienten schafft er es nicht, alles zu übersehen und in der Hand zu behalten. Es gelingt einer einzigen Person nicht, so weitgehend für all diese Individuen verantwortlich zu sein und für die Lösung all ihrer Probleme. Welch eine Erleichterung. In diesem Sinn ist die Gruppe ein Exorzismus *(= Austreibung des Abhängigkeitsteufels)*, der wie ein katholisches Sakrament wirkt."
„Man braucht sich nicht so sehr von einem anderen leiten zu lassen. Man bleibt selbst am Steuer und entdeckt, daß man eine ganze Menge selber schafft."

Aus einem Gespräch mit Erika

Erika ist eine Kollegin. Wir sprechen über Verhaltensmodifikation und Therapie. Auch darüber, was mit der eigenen Energie der Menschen geschieht, wenn sie sich entschließen, in eine Therapie zu gehen.
„Ich kann mir selbst sagen: Ich bin verhaltensgestört, bereits von kleinauf. Ich weiß genau, wann das angefangen hat. Ich kann mich dann fragen: Soll ich in eine Therapie gehen? Wenn ich nur schon daran denke, an eine Therapie, fühle ich meine Qual noch größer und unerträglicher werden. Der Makel „Verhaltensgestört" wächst. Ich fühle mich immer ängstlicher werden zwischen Menschen ... Ich traue mich nicht mehr, jemanden anzusehen. Mir bricht der Schweiß aus bei dem Gedanken, daß Verwandte und Kollegen erfahren könnten, daß ich wegen Verhaltensgestörtheit behandelt werde. Der kleine Rest an Kontakt, den ich noch mit ihnen hatte, schmilzt dahin.
Ich kann auch zu dir sagen: Erika, ich mag dich. Solche Dinge wage ich kaum zu sagen. Ich habe auch jetzt prompt feuchte Hände bekommen. Ich sehe dich kurz an, und dann schaue ich wieder

weg. So bin ich. Ich möchte, daß du das weißt und nicht denkst, mit dir sei etwas nicht in Ordnung. Ich finde es wunderbar, daß du da bist. Und ich bin verlegen."
„Das finde ich gerade so nett an dir. Daß du auch deine Verlegenheit in die Beziehung einbringst. Das gibt es so selten ..." „Eigentlich möchte ich das auch nicht verlieren. Das ist meine Geschichte, die durch alles, was ich sage oder tue, hindurchschimmert. Es ist keine idyllische Geschichte, aber es ist eben meine eigene."

4. Andere Reaktionen der Gruppenbegleiter

Der Name
„Wir nannten es in unserer Ankündigung die „Arbeits-Lern-und-Übungsgruppe". Die Teilnehmer sagen: „Der Kursus" oder „die Gruppe" oder „die Gesprächsgruppe". Ein Teilnehmer spricht von „der Therapie", das hat er von seinem Hausarzt übernommen."

Zusammenstellung der Gruppe
„Die ersten Gruppen rekrutierten sich aus den Klienten, die bis dahin individuelle Begleitung bekommen hatten. Das einzig Gemeinschaftliche war der Wille zum Lernen. Die Problemstellung

war bei den einzelnen Klienten sehr unterschiedlich. Ebenso das Alter.
Anfangs dachten wir, die Sozialarbeiter, daß es diesen Menschen aus einem kleinen Ort (13 000 Einwohner) sehr schwer fallen würde in einer Gruppe zu arbeiten und daß sie sich dagegen wehren würden.
Es zeigte sich, daß sich keiner der Klienten aus diesen Gründen zurückziehen wollte. Den Wunsch nach Anonymität gab es *bei ihnen nicht.* Wir konnten es kaum glauben."

Begleiter als Gruppenmitglieder
„Unsere Begleiterrolle war zwar eindeutig festgelegt, aber trotzdem haben wir uns von Anfang an das Recht vorbehalten, mit den Sorgen, die uns aus diesem Begleitersein erwuchsen, auch zu ihnen zu kommen."
„Ich habe gelernt, daß es sehr schwierig ist mit Dingen, die einem quersitzen, herauszurücken. Es kostet mich eine Menge Energie, aber es lohnt sich. Diese Gespräche haben mir den Mut gegeben, meine eigenen Fehler zu sehen und sogar mit anderen zu erörtern."
„Wir waren uns als Gruppenbegleiter mal nicht einig. Das haben wir vor dem ganzen Kreis ausgetragen. Dadurch sind wir auch für die Gruppe verständlicher geworden. Sie wissen jetzt besser, woran sie mit uns sind."

Dem Können der Gruppenmitglieder mehr zutrauen
Es ist wichtig, daß die Begleiter der Gruppe auch zeigen, was sie von ihr gelernt haben. Das ist eine Voraussetzung dafür einander ernst zu nehmen und sich nach Ablauf der Zusammenarbeit auch wieder loszulassen.
„Es ist uns sehr bewußt geworden:
– daß man auf diese Art viel von seinen Klienten lernen kann, denn von oben herunter gelingt das nicht.
– daß es sich erübrigt, die Gruppenprobleme vorher oder nachträglich im Team zu besprechen. Man kann sie der Klientengruppe selbst vorlegen. Damit zeigt man der Gruppe, daß man ihr zutraut, daß sie selbst etwas zu geben hat.
– daß wir uns oft einbilden, wir beschäftigten uns mit den Problemen der Gruppe, und dabei sind wir im Grunde dauernd mit den Problemen der Sozialarbeiter beschäftigt."

„Ich habe gelernt etwas weniger zu helfen. Dadurch habe ich jetzt etwas mehr Kontakt zu „Menschen"."

Sozialarbeiter-Probleme

„Das ist keine Frage der Methode: Ich bin es, dem es schrecklich schwerfällt Menschen zu sagen: Nur zu! Mach nur! Ich tauche selbst in die Probleme ein, weil ich denke ich müßte alles bis ins Kleinste hören, auch noch was zwischen den Zeilen gemeint ist. Und ich bin es selbst, der glaubt er müßte mit allem, was Menschen ihm aufladen wollen, auch etwas anfangen. Auf diese Weise mache ich mich selbst kraftlos, und mein Versagen wird so deutlich sichtbar, daß ich schließlich überzeugt bin nichts zu können. Und dann kann ich auch tatsächlich nichts mehr leisten. Und meine Idealvorstellungen (alle guten Dingen, die ich mit diesen Klienten hätte anfangen können) bringen mich dann in die Klemme. Dadurch ent-kräfte und ent-werte ich aber auch gleichzeitig die Klienten der Gruppe, denn indem ich mir selbst alle Verantwortung auflade, erziehe ich sie zu Verantwortungslosigkeit. Wenn ich mir hinterher das Tonband anhöre, dann muß ich zugeben, daß ich eher zu viel als zu wenig tue. Und daß Menschen sich gegenseitig doch viel von sich verraten. Dann finde ich meinen Eigenwert wieder und auch die Werte der Menschen, die mir und einander so viel geben."
„Wenn du einen Blick dafür hast erkennst du, daß du lebst im Spannungsfeld zwischen Strukturen einerseits, um den Zusammenkünften Form zu geben und einigermaßen in der Hand zu behalten, und dem kreativen Raum andererseits, in dem die wertvollsten Dinge entstehen können."

Übertragen materieller Verantwortung

An der Art wie Teilnehmer auch die materielle Seite übernehmen erkennt man, wie sehr sie motiviert sind. Im Wechsel sorgen sie regelmäßig treu für den Kaffee, für das Hinstellen der Stühle und das Vorbereiten des Raumes.
In der Gruppe Y ist einmal jemand weggeblieben wegen einer seit langem geplanten Ferienreise. Ein Profi-Fußballer sagte einmal sein Training ab, um zur Gruppe kommen zu können.
Manche Leute haben sich miteinander verabredet und besu-

chen sich. Sie haben miteinander überlegt einen Club zu gründen: Ein Plan, der früher schon einmal vom Büro angeregt worden war.

Abschied nehmen

„Ich freue mich, daß die meisten Teilnehmer es jetzt wieder ohne professionelle Hilfe schaffen. Nur ganz vereinzelt wird noch jemand für eine zweite Runde in Frage kommen. Aber es fällt mir schwer, sie loszulassen. Mir kommen fast die Tränen. Ich habe diese Menschen ein wenig liebgewonnen."
„Dürfen wir sie loslassen? Das scheint uns wirklich die Frage zu sein, die uns Begleiter beschäftigt, viel mehr als die Klienten."
„Die Frage: „Ist X oder Y schon so weit, daß er nach zehn Abenden alleine weitermachen kann?" stellt sich für mich jetzt anders: „Bin ich schon so weit, diesen Klienten nach zehn Mal loszulassen? Und wenn nicht, wage ich es dann meine Unsicherheit dem betreffenden Klienten zu erklären und ihn zu bitten mir dabei zu helfen?"."
„Mir ist bewußt geworden, daß man mit Klienten erst dann eine wirkliche Beziehung aufbauen kann, wenn man auch Abschied nehmen und sie loslassen kann."

Der Ort des Sachkundigen

Wenn du dich entschließt, auf diese Weise zu arbeiten, dann mußt du dich allerdings wohl fragen, wo der Sachkundige stehen soll. Dein fachliches Wissen liegt dann ja nicht so sehr darin, daß du zum „behandeln" von Menschen die richtige Technik für einen verantwortungsbewußten „Behandlungsplan" anzuwenden verstehst. Unter anderem solltest du dich so viel wie möglich zurückhalten beim eigentlichen Entstehungsprozeß von Veränderungen. Wichtig ist, daß du Situationen und Möglichkeiten schaffst, in denen Menschen sich selbst wieder zu beleben beginnen, sich selbst wieder steuern, sich aus ihrer eigenen Identität heraus erneuern.
Es erfordert ein hohes Maß an Vertrauen zu Menschen und zu dir selbst, als Sozialarbeiter oder Therapeut dein Fachwissen auf dieses Ziel zu richten. Vielleicht sind viele Sachkundige damit überfordert. Dazu ist nämlich Achtung nötig. Wir sind so sehr gewöhnt alles für andere zu regeln.

Es bedeutet, daß man sich als Sozialarbeiter so weit wie möglich abstrahiert von der Lösung der Probleme anderer Menschen, so weit wie möglich von der Bitte des Klienten: „Sag mir doch, was ich tun muß“ (die bekannte „Fallgrube“ aus der Gestalttherapie); so weit wie möglich von den eigentlichen Entscheidungen, die der Klient in der Therapie fällt; so weit wie möglich von Behandlungsplänen und ihrem Ausbau; so weit wie möglich vom Stellen bestimmter Diagnosen. Diagnosen sind ja nur Phantasien des Therapeuten, aber sie können leicht – wenn sie laut gestellt werden – zu einem Eingriff von oben werden, der implizit dem Klienten verbietet, die Entdeckung und Steuerung seines Lebens selbst in der Hand zu behalten.
Es ist einfach, den Ort des Sachkundigen als „so weit wie möglich von“ zu beschreiben. Es ist nicht so einfach diesen Ort zu beschreiben als „so nah wie möglich bei“.
Wenn du all das lassen sollst, bei dem du von Berufs wegen dazu neigst „die Finger darin zu haben“, was bleibt dir denn dann noch als die Weigerung, das Steuer zu übernehmen?
Es bleibt: Vollständiges Akzeptieren der Gefühle oder der Gefühlsarmut beim Klienten und dir selbst. Achtung vor dem anderen. Selbst wenn der Klient dazu neigt, sich selbst und seine Fähigkeiten über Bord zu werfen. Aufmerksamkeit für das, was vor sich geht. Auch dann, wenn der Klient sich selbst und den Therapeuten über das, was im Gange ist, versucht hinweg zu täuschen. Bewußte Verbalisierung dessen, was im Therapeuten selbst geschieht, wenn er (sie) sich mit dem Klienten beschäftigt ... Usw.

Umschulung

„Ich bin in einer Gruppe noch nie so unsicher gewesen. Es fiel mir schwer mit dieser Unsicherheit umzugehen.“
„Ich fand es furchtbar unheimlich. Es kribbelte mir im Magen als ich anfangen mußte. Aber hinterher war es mir, als ob ich in einer warmen Badewanne gesessen hätte.“
„Ich habe viel Erfahrung mit Gruppenarbeit. Aber nicht auf diese Art. Diese Art zu arbeiten bedeutet eine völlige Umschulung.“ „In meiner Ausbildung habe ich gelernt, mich nur auf die anderen und ihre Fragen zu konzentrieren, ohne darauf zu achten, was inzwischen mit mir passiert, ganz davon zu schweigen, daß ich

manche Dinge nicht verstehe, nicht wage, oder daß mich etwas irritiert, oder schlimmer noch ... daß ich anfange einen Klienten zu lieben ..."

„Ich stecke in einem Umschulungsprozeß. In meiner früheren Case-work-Ausbildung habe ich gelernt, mich auf eine Person zu konzentrieren. In einer Gruppe würde das bedeuten, daß dann die anderen ausgeschaltet werden und einen nur noch von hinten sehen. Zum Glück duldet diese Gruppe das nicht."

„In diesem Projekt geht es darum, daß der Leiter sich selbst und den Klienten gegenüber eine andere Haltung annimmt. Ich habe mich gemeldet, um an diesem Projekt mitzuarbeiten. Sonst arbeite ich in einer psychiatrischen Tagesklinik auch mit Gruppen und zweifle manchmal, ob ich dort wohl richtig vorgehe. Ich habe oft den Eindruck, daß:

– ich bestimmte Regeln zu sehr hochhalten wollte und dadurch zu bestimmend und autoritär auftrat, auch wenn das gar nicht nötig war.

–ich alles sehen und hören wollte, was geschah; am liebsten auch noch das Nicht-sichtbare und Nicht-hörbare abfangen wollte (ein Klient nannte mich „den Unentrinnbaren"). Ergebnis: Ich arbeitete mich kaputt.

– die Gruppe selbständiger werden „mußte", und daß versuchte „ich" hinzukriegen.

Jetzt empfinde ich das als Teil meiner „alten Rolle", die mir lange Zeit solch gute Stütze gewesen ist, aber ich empfinde es als Einengung. Ich ahnte zwar, daß es für mich auch andere Möglichkeiten gibt, aber ich konnte sie nicht fassen. Ich habe verschiedentlich versucht in meinem Team darüber zu sprechen. Aber man reagierte nur schwach darauf. Ich bekam das Gefühl zu Unrecht so unsicher zu sein. Meine Zweifel wurden positiv weggelobt.

Dabei habe ich es dann gelassen. Ich war wieder auf meinen Ort zurückverwiesen: in die Therapeutenrolle. Du bist Therapeut, also sachkundig, also nicht unsicher, also machst du es richtig, also brauchst du nicht darüber zu lamentieren.

Weil ich auch nicht unfehlbar bin, gelang es (zeitweise) wieder einigen Halt an dieser „Rolle" zu haben. Meine Zweifel wurden auf diese Weise unterdrückt.

Allerdings fiel es mir immer schwerer mit dem umzugehen, was ich die „Kriegshaltung" des Therapeutenteams nannte. In

Besprechungen über Klienten wurden sogenannte Behandlungsstrategien ausgetüftelt: „Wenn der Klient dieses tut, tun wir jenes, wir müssen zusehen, daß wir ihm immer eine Nasenlänge voraus bleiben."

Viele von den Problemen der Klienten erkannte ich als meine eigenen und fühlte mich oft gar nicht sehr anders. Ich wurde verwirrt: Ich bin Therapeut, man hält mich für sachkundig, ich darf keine Probleme haben, ich habe aber welche; ich darf nicht von den Klienten lernen und wo es doch geschieht, muß es verborgen bleiben. Und außerdem habe ich immer mehr das Bedürfnis, meine Gedanken und Gefühle mit dem Klienten zu teilen. Ergebnis: Zorn auf die Teammitglieder, weil sie mich in diese Lage gebracht haben.

Mit Termini aus der Gestalttherapie ausgedrückt: Als Therapeut arbeite(te) ich von Phantasien, Normen, Gespinsten (der „Zwischen-Welt") her. Ich legte mich auf eine Rolle fest, der Idealvorstellungen zugrunde lagen, wie ein Therapeut sein *muß:* Alles sehend und hörend; von den vagen Erwartungen anderer her (Klienten und Kollegen), wie es sein *müßte*; mir den Kopf zergrübelnd *warum es nicht gelang;* wieder brütend *wie es denn sonst sein müßte*; in einem ohnmächtigen Schuldgefühl, weil ich es *wieder nicht geschafft hatte.*

Auch in meiner alten Rolle hatte es Augenblicke gegeben, in denen ich näher an mir selbst bleiben konnte, wodurch es mir auch gelang andere zu erreichen. Das waren die Momente, von denen die Klienten später sagten, die Therapie hätte ihnen viel gegeben, und vermutlich auch der Grund, daß sie überhaupt weiter kamen.

Ich merkte den Unterschied auch. Aber es geschah eigentlich mehr oder weniger zufällig. Ich konnte es nie greifen oder benennen, was da genau passiert war. Jetzt ist mir erst bewußt, wie bedeutungsvoll mein alter Witz war: Je müder ich bin, desto besser arbeite ich mit meiner Gruppe. In solchen Augenblicken begann ich oft mit dem Gefühl: Von mir ist heute nichts zu erwarten. Das wird wieder nichts, wir werden es sehen ... Wenn ich müde war, hatte ich wahrscheinlich weniger Energie, um krampfhaft meinen Erwartungen und denen der anderen zu genügen. Ich verlangte nicht so viel von mir selbst, durfte das Geschehen weniger im Griff haben und konnte auch bei mir selbst leichter geschehen lassen was geschah.

Was ich von meiner Arbeit mit der Gruppe vom Projekt S. gelernt habe:
- eine Gruppe bringt sehr viel fertig. Ich brauche nicht alles zu sehen, zu hören oder zu „erfassen". Andere können es und tun es auch;
- wenn ich mich traue aus meiner Therapeutenrolle zu steigen, kann ich mehr von mir selber zeigen. Ich darf meine Zweifel und Unsicherheiten haben. Ich bekomme dadurch selbst mehr Raum und kann dann auch dem anderen mehr Raum lassen;
- ich kann jetzt ein bißchen besser entdecken, war in mir selbst geschieht, und manchmal gelingt es mir, dies auch mit Worten auszudrücken;
- ich kann besser eine Auswahl treffen, ob ich etwas von mir zeigen will oder nicht: Tue ich es, dann empfinde ich das als warm und angenehm. Ich fühle mich dann sehr nah;
- ich fühle mich jetzt mehr mit-verantwortlich als verantwortlich;
- in dem Maße wie ich offener mit meinen schwachen Seiten umgehen konnte, wurden auch meine starken Seiten immer erkennbarer. Wenn beide Seiten zum Zuge kommen, finde auch ich meinen Ort. Dann werde ich akzeptiert. Das geht mir vor allem in der Zusammenarbeit mit der Mitarbeiterin dieser Gruppe von Projekt S. so. Für mich ist es das erste Mal, daß ich nicht um meinen Platz in der Gruppe zu kämpfen brauche;
- ich brauche mir keine Strategien zu überlegen: Wenn genügend Raum da ist, dann geschieht, was geschehen muß." (Wina)

Was noch mehr beachtet werden müßte

Was meiner Meinung nach noch mehr beachtet werden müßte im Projekt S. und was mir am meisten Schwierigkeiten bereitet, das ist: Berücksichtigung der gesellschaftlichen Ursachen individueller Beschwerden (der Aspekt der Bildungsarbeit in der Sozialen Therapie). Bisher war mehr der neuen Art etwas zu „tun", die auch eine neue Art gesellschaftlichen Tuns war, Beachtung geschenkt worden. Der Professionalisierung. Anleitung des Klienten zum Sachkundigen hin. Appellieren an die sozialen Möglichkeiten einer Gruppe, usw.
Die gesellschaftlichen Wurzeln der Probleme einsichtig machen bedeutet jedoch mehr. Diese gesellschaftliche „Erklärung" kann eine gute Hilfe sein, um Schuldgefühle wegzuneh-

men; sie kann eine wunderbare Entdeckung sein, birgt aber auch das Risiko in sich, über einen anderen Weg wieder in Erklärungen auszuweichen. Das ist besonders in vielen Fällen so, in denen sich zeigt, daß die sogenannte Krankheit des Klienten im Grunde nur die gesunde Reaktion ist auf die kranke Atmosphäre, die er oder sie einatmen muß. So daß ihr Organismus zu Recht allerlei psychische und somatische Abwehrmechanismen aufbaut. Wenn Klienten das klar erkennen, brauchen sie sich selbst oder ihren Eltern nicht so viel vorzuwerfen. Sie können dann ihre Energie auf konstruktivere Weise anwenden. Außerdem können sie gesellschaftlich etwas zu verändern suchen, anstatt sich über individuelles sogenanntes Wachstum an krankmachende Strukturen anzupassen.

Projekt „S" und die Subsidiarisierung

Das Projekt „S" könnte für den psycho-sozialen Dienst eine ungeheure Kostenersparnis bedeuten. Es baut den Wildwuchs eines Versorgungsstaates ab, der allzusehr den Klienten die Kreativität nimmt, der allzuviel Beihilfegelder an immer teurere Sachverständige zahlt und das Kriterium für den Grad der Sachkundigkeit aus der Höhe des Gehaltes und der Gehaltseinstufung ableitet statt aus nachweisbaren Resultaten.
Projekt „S" steht dem Subsidiaritätsprinzip genau entgegen, welches Beihilfe an das Sachverständigenwesen anbindet und nicht an Projekte, die den Überhang an Sachverständigen (nicht an Sachverstand!) überflüssig machen und die Menschen lehren, ihre eigenen Probleme anzugehen. Auch widerspricht es den Interessenvereinen von Sachkundigen, die einander bekämpfen, einander den Sachverstand absprechen und nachzuweisen suchen, daß die Beihilfegelder eigentlich nur ihnen zustehen.

Aphoristisches Inventar der Ausgangspunkte im Nachhinein

a. Für Menschen mit Problemen: die „Klienten“

Wenn du mit Problemen dasitzt, ist es wichtig, nicht gleich alle Säfte vom Unterleib hinauf ins Hirn zu pressen.

Probleme werden problematisch, wenn sie nicht mehr relativiert (= in Beziehung zur gesamten Realität bringen) werden können und allmählich anfangen, deine ganze Welt auszufüllen.
Probleme können nicht innerhalb des geschlossenen Systems gelöst werden, das das Problem selbst verursacht. Wer sich innerhalb dieses Systems mit dem Problem beschäftigen will, züchtet es geradezu heran.
Probleme brauchen nicht gelöst zu werden. Probleme sollten nicht so sehr beachtet werden. Sie wuchern, wenn sie zu sehr im Brennpunkt stehen.
Wenn du Probleme hast, ist es wichtig, daß dir selbst Beachtung geschenkt wird, und daß du dich selbst wieder äußerst, statt über deine Probleme dich zu äußern. Und daß du anfängst andere Menschen zu beachten. Relativierung geschieht, indem du Beziehungen (Relationen) eingehst mit anderen Sonnensystemen um dich herum. Nur auf diese Weise kannst du deinen Ort bestimmen.

Wenn du dich erst als schwachsinnig erklären läßt (als jemand, der nicht weiß, was für seine Gesundheit und seine Situation gut ist), dann kannst du später schlaue Lösungen kaufen bei sachkundigen Ärzten, Sozialarbeitern oder Therapeuten.

Erkennen schafft Verbundenheit. Sie hilft dir, daß du dich zu einer größeren Welt zugehörig fühlen kannst, wenn deine eigene kleine Welt dir zu beengend wird. Das schafft Raum und freien Atem. Die meisten Neurosen verblühen, sobald du dir selbst genügend Luft gibst.

Unsicherheit wirkt lähmend. Geteilte Unsicherheit schafft Öffnungen und Energien. Sie ist eine Herausforderung.

Gewöhnliche Menschen können einander noch am besten Kaffee, Aufmerksamkeit und Sicherheit schenken.
Meistens haben sie auch nicht solch eine lange Warteliste.

Helfen ist in unserem Wohlfahrtsstaat ein Fach geworden, für das man jahrelang studieren muß. Helfen ist institutionalisiert. Dagegen ist nichts zu sagen.
Aber das Helfen ist dem normalen Menschen abgenommen worden. Immer mehr Organisationen haben ein Monopol darauf. Das ist kein Fortschritt sondern Verfremdung, Spezialisation, immer höhere Schwellen, Verarmung.
Einander helfen braucht nicht immer eine geschäftliche Transaktion zu sein. Es geht auch ganz schlicht...

Menschen, die auf Zehenspitzen gehen, machen sich klein. Sie gehen gebückt unter Idealen.

Wenn du beispielsweise irgendeine Phobie hast, mußt du dafür sorgen, daß du mehr Selbstvertrauen bekommst. Aber wie ist das möglich, wenn du, um das zu erreichen, eine Formel wählst, die ein Mißtrauensvotum ist gegen deine eigenen Fähigkeiten? Indem du dich zum Beispiel als Patient anmeldest?

Wie bekommst du Selbstvertrauen?
Zum Beispiel:
- *indem du deinen Gefühlen bei einfachen Menschen freien Lauf läßt.*
- *indem du andere Menschen und ihre Sorgen beachtest.*
- *indem du Kontakte knüpfst.*
- *indem du aus deiner kleinen Welt heraus kommst.*
- *indem du es wagst, Menschen aus deiner Umgebung um Hilfe zu bitten und zuzugeben, daß du es alleine nicht schaffst.*
- *indem du mal etwas anderes tust, als deine Phobie zu pflegen.*

Deine Probleme – wie individuell sie auch wirken mögen – haben meistens viel mit der Gesellschaft, in der du leben mußt, zu tun. Zieh sie dir deshalb nicht zu individuell an. Das ist allzu habgierig.

Wenn bei dir manches schief geht, möchte ich auch wissen, wobei du dich wohl fühlst.
Wenn du in der Klemme sitzt, hast du anderen etwas zu geben. Nicht „trotz“ sondern „deswegen“.

Eine Gruppe von Menschen mit Problemen ist nicht so sehr der Probleme wegen sondern für die Menschen da.
Feiern (einen Geburtstag, einen Abschluß, usw.) gehört also ebenso dazu.

Wenn du in einem Prozeß steckst, in dem du versuchst, deine schwierige Situation in den Griff zu bekommen, darfst du nicht zu bald und sicher nicht zu lange Helfer von Berufs wegen einschalten.
Und wenn du es tust, darfst du ihnen nicht zu viel Einfluß auf dein Leben einräumen, während du dich in einem Prozeß befindest, in dem du versuchst, dein Leben selbst in den Griff zu bekommen.

Tiere, die gezähmt wurden, sind meistens, wenn sie später wieder in die Freiheit entlassen werden, nicht mehr im Stande, sich selbst durchzubringen und zu überleben.

Es ist nicht Absicht der Therapie, dir den Druck zu nehmen. Es ist wichtig dir zu zeigen und dich erfahren zu lassen, wie und inwiefern du diesen Druck selbst erzeugst. Wenn du das weißt, dann kannst du das, was du tust, auch sein lassen.

Neurotiker aller Länder vereinigt euch!

b. Für die Helfer

Es ist nicht notwendig, daß der Therapeut sich nach einem Gespräch mit dem „Patienten“ auch krank fühlt.

Fast alle Klienten fallen unter die Kategorie „ich schaffe es nicht mehr alleine“. Diese Kategorie wird durch unsere Gesellschaft auf vielerlei Art und Weise gefördert.
Man kann diese Kategorie von Menschen weiter ausbreiten durch die Art, wie man soziale Arbeit betreibt.

Man kann auch dagegen angehen: „Behalte dein Leben selbst in der Hand. Du bist kein Invalide. Laß deine Probleme nicht von dem Angebot bestimmen, das die Einrichtungen auf den Markt werfen. Laß dir nichts sagen von Leuten, die behaupten, daß sie wissen, was gut für dich ist."

Wenn du Klienten zu Problemen reduzierst, dann machst du genau das gleiche, was der Klient getan hat, um Klient zu werden.

„Problem". Aus dem Griechischen: πϱσ-βαλλειν Vor sich hinwerfen. Objektivieren. Von der Person lösen. So daß man es betrachten kann. So daß man es aufdröseln kann, als ob es nicht ein Stück von mir wäre. Ein Problem „hat" man.

Das Wohlergehen des Menschen gehört ausschließlich in die Hand des rechtmäßigen Eigentümers.

Man kann Menschen, die Probleme haben, als Kranke ansehen. Dann überweist man sie zur „Therapie" (obwohl Probleme-haben ein Zeichen von Gesundheit ist). Dort werden ihnen meistens Etikette aufgeklebt, oder sie eignen sich selbst solche Anhängeschildchen an: Depressiv, Anorexie, Agoraphobie, Katatonie, Katastrophia perennis. Die Etikette wirken. Krankmachend. Als ob es nicht schon schlimm genug gewesen wäre, daß sie Probleme hatten.

Für Menschen mit Problemen kann man eine „Arbeits-, Lern-, oder Übungsgruppe aufstellen. Arbeiten, Lernen, Üben sind Aktivitäten vollwertiger Menschen. Nicht von Problemfällen.

Wachstum, Entwicklung, Kreativität kommen am meisten zum Zuge, wenn Klienten glauben können an ihre eigene Würde, Kraft, Kompetenz, Einsichtsfähigkeit.
Aber was tun wir – Helfenden– wenn wir daran nicht glauben, sondern ein Modell handhaben, das zum Ausdruck bringt, daß wir nicht daran glauben, sondern an unser Modell?

Für viele Menschen ist die einzig mögliche Therapie, daß man ihnen sagt: „In eine Therapie? Bist du verrückt? Geh angeln, Mann!"
Denn „in eine Therapie gehen" ist ja gerade ihre Krankheit.

Wenn du als Gruppenbegleiter selbst auch mitteilst, was in dir und mit dir geschieht (Freude über Gelungenes, Unverständnis, Angst vor Versagen, Neigung jemanden zwingen oder bekehren zu wollen, Unsicherheiten, Zorn ...), dann gibst du damit „live" ein Modell von Leben und von Umgehen-mit-Menschen.
Wenn du als Gruppenbegleiter nicht sagst, was in dir vor sich geht, dann gibst du „live" ein anderes Modell von Leben und Relativieren.

- *Ja aber, wenn ich als Therapeut nicht mehr raten und deuten kann, dann habe ich doch nichts mehr zu sagen ...*
- *Herrlich! Welche verbale Energieersparnis!*
- *... dann bin ich nur noch ein Fünftel der Zeit am Drücker im Vergleich zu früher.*
- *das bedeutet also vier Fünftel der Zeit zur freien Verfügung. Für den Klienten. Für Stille. Und um einfach mal zu plaudern. Und nur noch ein Fünftel Gefahr, daß der Klient vollgestopft wird, mit all dem, was der Therapeut wohl von ihm oder ihr erwartet. Vielleicht ist dann sogar noch etwas Zeit übrig für den Therapeuten, um mitzuteilen, wie es ihm geht. Möglicherweise bekommt der Klient dann einen „Menschen" als Gegenüber!*

Wenn du aus angelernten Methoden auf Klienten reagierst, dann reagierst du eben aus angelernten Methoden. Das hat Vorteile. Wenn du aus deinem eigenen Inneren heraus reagierst, reagierst du aus dir selbst. Das hat mindestens zwei Vorteile. Erstens, daß der Klient wirklich ein Gegenüber hat. Zweitens spürt der Klient, daß Aus-sich-selbst-reagieren nicht von der zuständigen Autorität verboten ist.

Wenn du deine eigenen Unsicherheiten nicht mehr hast, dann kannst du auch keinem mehr helfen. Denn dann gibt es dich nicht mehr.

- Problembestätigend oder personenbestätigend?
- Wenn du Menschen auf ihre Probleme ansprichst und vor allem sie beachtest, dann sprichst du Menschen eben auf ihre Probleme an und gibst dem deine Beachtung.

Wenn du Menschen auf ihre Möglichkeiten und Kräfte ansprichst und beachtest an erster Stelle diese, dann sprichst du Menschen auf ihre Möglichkeiten und Kräfte an und gibst dem deine Beachtung.

Menschen haben mehr zu geben als nur ihre Probleme.
Menschen haben einander mehr zu geben, als Therapien je geben könnten.
Mit einer Grundvoraussetzung kann dem Klienten der Zwang des Müssens genommen werden: „Du brauchst hier (in diesen Gruppen) nicht genesen. Du brauchst dich nicht ändern". Aber auch der Begleiter entkommt so dem Druck des Müssens und kann also auch nicht mehr mit Idealen erpreßt werden.

Nachwort

Warum lasse ich all diese Texte drucken?
Sie sind nicht fertig.
Vielleicht werden sie es nie.
Ich bin nicht fertig.
Glücklicherweise.

Manchmal kommt mir der hochmütige Gedanke, daß Schriftsteller, die sehr schwierige Bücher schreiben, das nur aus Ohnmacht tun. Weil sie selber nicht verstehen, was sie schreiben und sich daher auch nicht mit einfachen Worten ausdrücken können.

„Ich habe nicht vor, mir strenge Einschränkungen aufzuerlegen, wenn ich philosophische Notizen anwende. Ich will nicht in die starre, beschränkte und langweilige Annäherungsweise verfallen, der jeder Charme abgeht, und die typisch ist für waschechte Mathematiker. Sie bekommen kein Wort mehr über die Lippen als unbedingt notwendig ist... Meiner Meinung nach liegt nichts Böses darin, viele auseinanderlaufende Dinge gemeinsam zu besprechen. Sogar in Abhandlungen über ein einziges Thema... Ich bin überzeugt, daß die Großartigkeit, der Adel und die Vortrefflichkeit unserer Taten und Erfindungen nicht in dem stecken, was unbedingt notwendig ist – obwohl das nicht vernachlässigt werden darf –, sondern in dem, was all diese Eigenschaften nicht hat..." (Galilei)

Dieses Buch ist nicht wissenschaftlich in dem Sinne des Wortes, der ihm meistens zugrunde gelegt wird.
Häufig versteht man unter „wissenschaftlich", daß man sich auf die Schablonensprache beschränkt, die ich gerade so viel wie möglich vermeiden möchte. Daß man sich an festgelegte Begriffsbestimmungen hält, so daß man kaum riskiert weiter zu kommen als zum Status quo. Daß man sich anpaßt an Denkstrukturen, die im Augenblick gerade innerhalb der Branche der Sachverständigen anerkannt werden. „Wissenschaftlich" steht dann für einen Ansatz, der verschiedene Aspekte ein und der-

selben Wirklichkeit von einander trennt und sie einzeln angeht. Religion losgelöst von Ökonomie oder Geschichte. Therapie getrennt von Politik oder Theologie. Metaphysik getrennt von Prostitution und Schiffbau. Architektur getrennt von Kommunikationstheorie oder Logik. Medizinische Wissenschaft getrennt von Ackerbau, Theater, Tanz, Pädagogik, Poesie ...

Diese Art der Wissenschaft beeinträchtigt meiner Ansicht nach diejenigen, die sich mit zugeteilten Portionen begnügen. Was mich selbst betrifft: Ich spüre, wie mein Bewußtsein sich verengt, wenn ich mich a-part mit dem Teil beschäftige, der seine Bedeutung vor allem aus der Tatsache bekommt, daß er eben nicht apart (abgetrennt) ist, sondern Part (Teil) eines lebendigen Ganzen.

Um zu der geehrten Schar der Sachkundigen zu gehören, lassen sich viele Akademiker auf diese Weise zuerst zu „minus habentes" machen. Denn wo sie diese Grenzen der Bewußtseinsverengung überschreiten würden, wären sie „unbefugt" an der Arbeit.

Das Lyzeum der Stare hat Zwistigkeiten mit dem Lyzeum der Krähen. Sie haben Meinungsverschiedenheiten über Methodik und Ausbildungskriterien.

Nach den vorangegangenen Beispielen ist dieses Buch wissenschaftlich unverantwortlich. Ich selbst finde es verantwortlich, weil es auf Beobachtung, Aufmerksamkeit und Forschung beruht. Auf Abhören von Kilometern von Tonbändern, um sie mit dem Stift in der Hand zu systematisieren und zu prüfen, ob feststehende, regelmäßig wiederkehrende Muster darinstecken, die vielleicht für meine Arbeit mit Menschen oder für mein eigenes Funktionieren von Bedeutung sein können.

Auf das immer wieder Ausprobieren von Hypothesen, die sich anbieten. Auf Offensein für Korrektur, Justieren, Abbrechen vorläufiger Muster, Verschieben der Grenzen meiner Schemata und meiner Bereiche. Für mich ist das, was ich tue, ein Beitrag zum Wissen über Menschen und ihre Beziehung zu Dingen, zu anderen Menschen und zu Gruppen, mit denen sie in Berührung kommen. Ich meine Wissen in einer Form, die so vielen Menschen wie möglich zugänglich ist, so daß dieses Wissen

auch zum bleibenden Eigentum einer breiten Schicht werden kann und nicht zum Privat-Park des Clubhauses der Sachkundigen wird.
Dieses Buch ist keine „wissenschaftliche Arbeit“. Einfach weil die meisten Vorgaben über Struktur und Verlauf der Untersuchung nicht mit in dieses Buch aufgenommen worden sind und dadurch der Kritik des Lesers entgehen. Aber mit einem Ungetüm von fünfhundert Seiten würde ich nicht mehr die Menschen ansprechen, die ich erreichen will.

Mit meiner Art zu schreiben und zu arbeiten überschreite ich Grenzen. Die Grenze zwischen der Klasse der Sachkundigen und denjenigen, die der Sachkunde anderer unterworfen werden. Aber auch die Grenzen meiner offiziellen Befugnisse. Die Geschichte zeigt jedoch, daß diejenigen, die die Grenzen ihres Sachkundigkeitsbereiches unbefugt überschritten, den eingefahrenen Geleisen entkamen und Neues entdecken konnten. Auch an meinem Ort in der Gesellschaft spüre ich den Druck, den Institutionen ausüben, wenn ich mich nicht ganz anpasse an ihre Berufskodizes und ihre Begriffsgruppen. Sie stellen sich fachmäßig-nüchtern dar und reagieren darum sehr emotional auf Dinge, die nicht mit ihren Normen übereinstimmen.
Relativierenden Humor empfinden sie sehr schnell als Angriff auf die Würde ihres Systems. Nicht ganz zu Unrecht. Denn die „geheiligten“ Grenzen ihrer Disziplin werden überschritten und nur als Armutszeichen ernst genommen. Die Arbeitshypothesen eines bestimmten Faches sind eben nur Arbeitshypothesen und keine ewigen Wahrheiten. Die Sachkundigen stehen, von ihrem Begriff ihrer Rolle her, ständig unter der Kritik der Tatsachen, mehr noch als unter der Normierung ihres Systems.